供应链关系型交易与财务柔性决策：影响机理与经济后果研究

鲍 群 著

中国财经出版传媒集团
中国财政经济出版社

图书在版编目（CIP）数据

供应链关系型交易与财务柔性决策：影响机理与经济后果研究/鲍群著．—北京：中国财政经济出版社，2017.5

ISBN 978-7-5095-5974-1

Ⅰ.①供… Ⅱ.①鲍… Ⅲ.①供应链管理-研究 Ⅳ.①F252.1

中国版本图书馆CIP数据核字（2017）第113618号

责任编辑：黄双蓉　　责任校对：刘　靖
封面设计：王　颖　　版式设计：齐　杰

中国财政经济出版社 出版

URL：http：//www.cfeph.cn

E-mail：cfeph@cfeph.cn

社址：北京市海淀区阜成路甲28号　邮政编码：100142

营销中心电话：88190406　北京财经书店电话：64033436　84041336

北京财经印刷厂印刷　各地新华书店经销

787×1092毫米　16开　9.25印张　150 000字

2017年6月第1版　2017年6月北京第1次印刷

定价：45.00元

ISBN 978-7-5095-5974-1

（图书出现印装问题，本社负责调换）

本社质量投诉电话：010-88190744

内容摘要

近年来，随着产品市场竞争的加剧，加之我国市场发育并不成熟，企业处于不完全竞争市场中，企业间的交易成本较高，市场信息非对称的壁垒阻碍了企业与客户之间的公平市场交易，增加了企业在市场上寻找新客户的难度，所以企业与具有战略合作关系的客户通过专用性投资而形成的供应链“关系型交易”越来越被企业所重视。关系型交易的建立对缓解企业竞争压力、促进技术创新、分享信息资源、保持可持续发展态势等方面都具有重要意义。然而值得关注的是，市场竞争的日益激烈导致部分企业严重依赖于关键客户，从而破坏了供应链上下游关系的稳定性，引发企业诸多的潜在风险，如企业利益被大客户侵占，大客户流失会引发大量坏账风险，甚至资金断裂风险等。面对关键客户资源对企业的重要影响以及“大客户依赖”问题可能引发的巨大风险，企业如何通过适当的财务手段来协调关键客户关系以及抵御客户集中风险成为企业所关注的重要问题。本书基于目前“关系型交易”较为普遍的背景下，深入研究企业与关键客户间的关系型交易对财务柔性决策的影响效应以及经济后果等相关问题。

全书分八章展开讨论：第 1 章，绪论。第 2 章，相关文献综述。分别就财务柔性相关文献以及供应链关系型交易相关文献进行文献梳理及研究述评。第 3 章，供应链关系的理论基础。主要梳理了解释供应链关系的相关理论，为进一步研究关系型交易奠定理论基础。第 4 章，关系型交易与财务柔性储备动机。主要从关系型交易对企业的作用机理出发，提出关系型交易影响企业财务柔性决策的内在机理和具体路径，进而提出基于关系型交易的财务柔性储备动机。第5章，关系型交易对财务柔性决策的经济后果的影响。主要研究关系型交易对财务柔性决策的竞争效应以及价值效应的影响。第6章，关系型交易与财务柔性决策关系的外部制度因素调节效应。主要研究外部制度环境因素，包括产权性质、地区制度环境因素对关系型交易与财务柔性决策关系的调节作用。第7章，关系型交易与财务柔性决策关系的内部治理因素调节效应。主要研究公司治理因素对关系型交易与财务柔性决策关系的调节作用。第8章，研究结论及展望。主要归纳总结本书的研究结论，分别从企业层面和政府层面提出政策建议，并指出本书研究的局限性以及未来的研究展望。

本书的主要研究结论：第一，随着企业关系型交易程度的增加，企业储备财务柔性一方面有利于对客户实施"可置信承诺"，缓解客户对合作风险的担心，深化企业间战略合作关系。另一方面有利于提高企业风险管理能力，预防因对"关键客户依赖"所引发的潜在风险。因此，随着企业关系型交易程度的增加，企业会出于承诺性动机和预防性动机而储备更多的财务柔性。进一步，基于关系专用性投资特征来辨别财务柔性储备动机后发现，企业储备现金柔性主要基于预防性动机，而储备负债融资柔性主要基于承诺性动机。第二，从财务柔性决策的竞争效应来看，企业储备财务柔性有利于促进市场业绩的增长，具有市场竞争的战略效应。但随着企业对关系型交易依赖程度的增加，其财务柔性决策的竞争效应会进一步被弱化。从财务柔性的价值效应来看，企业储备财务柔性有利于提升企业价值。但进一步考虑关系型交易的影响后发现，仅在关系型交易程度低且财务柔性水平较多的企业中，其财务柔性决策能够对企业发挥价值增值的作用。第三，从外部制度环境调节因素来看，非国有企业相比国有企业而言，因关系型交易而储备财务柔性的动机更加强烈。但在制度环境较为完善的地区，非国有企业因关系型交易而保持财务柔性的动机显著降低，而国有企业该动机变化不明显。从内部公司治理调节因素来看，企业的公司治理环境越完善，越有利于弱化关系型交易与财务柔性决策的正向相关关系。

本书的主要贡献在于：第一，为财务柔性相关文献的研究提供了新的视角。本书基于产业组织理论，考察关系型交易对财务柔性决策的影响效应，有别于以往文献多集中于宏观环境或微观企业角度对财务柔性决策的研究，尝试通过交叉学科的研究为财务柔性决策问题寻找一条新的路径，丰富了非财务利益相关者与财务会计交叉研究的文献。第二，拓宽了非财务利益相关者对企业财务行为的影响路径的研究思路。已有研究侧重于客户的关系资本性，而忽略其关系风险性。本研究综合这两种特质，深度解析财务柔性决策在协调供应链关系时发挥的作用以及不同实现途径的作用差异，拓宽了非财务利益相关者对企业财务行为的影响路径的研究思路。第三，丰富了财务决策经济后果的影响因素的相关文献。目前从供应链上下游关系角度考察财务决策的经济后果的研究较为匮乏，从而忽略了财务行为经济后果的实现条件。本书通过关系型交易对财务柔性的竞争效应和价值效应的作用机理的研究，发现关系型交易会弱化财务柔性决策的经济效应，丰富了财务柔性决策经济后果的影响因素的相关文献。第四，揭示了关系型交易对财务柔性决策影响效应的制度条件。基于中国这种“关系型社会”的转型经济背景，深度解析制度环境和治理环境对关系型交易与财务柔性决策关系的调节作用，发现制度环境以及治理环境的优化对降低关系型交易的负面效应具有重要作用，有利于揭示上述影响的企业内外部的制度条件。

目 录
CONTENTS

第 1 章

绪　论

1.1　研究背景及研究意义

1.1.1　研究背景

近年来，随着产品市场竞争的加剧，加之我国市场发育尚未成熟，企业处于不完全竞争市场，企业间的交易成本较高，市场信息非对称的壁垒阻碍了企业与客户之间的公平市场交易，增加了企业在市场上寻找新客户的难度，所以企业与具有战略合作关系的客户通过专用性投资而形成的供应链“关系型交易”越来越被企业所重视，传统的企业与企业的竞争已演化为供应链之间的竞争。根据利益相关者理论，这种合作关系可以看作是企业取得竞争优势、创造更多价值的一种资源，这种资源有利于加强彼此间合作，促进技术创新，保证产品质量，对企业的经营与发展产生重要的影响。目前我国制造业企业产能过剩现象较为普遍，供应商企业竞争压力较大，“供大于求”的现象已成为市场常态，而大部分企业不注重技术创新，产品附加值较低，长期处于价值链的低端，极易受到市场波动的影响。在此背景下，企业往往更加重视与关键客户保持持续合作关系，这对缓解企业市场竞争压力、加快核心技术创新、分享有利的信息资源、促进企业可持续发展态势等方面皆具有重要意义。然而值得关注的是，市场的激烈竞争导致我国企业客户集中度普遍较高，部分企业严重依赖于一个或几个关键客户的关系型交易，这种“大客户依赖”的现象所引发的潜在风险逐步被人们所警觉。2010 年证监会下属的创业板发行监管部门召开的创业板发行监管业务情况沟通会上明确提出，IPO 企业需要对大客户依赖问题予以重点关注。2010 年 IPO 未能通过的 60 家企业中，绝大部分都存在大客户依赖问题。在 2007～2012 年上市成功的企业中，有超过 200 家公司对其前五大客户的销售占比超过公司主营业务收入的 50%。其中，北京万邦达环（300055）、深圳市海普瑞制药（002399）、江苏润邦重工（002483）以及武汉凡谷科技电子技术（002194），上市前 3 年平均对其前五大客户销售的金额占其总收入的比例均超过 95%。已有研究发现，企业的“大客户依赖”问题会引发多种潜在风险。首先，企业由于过度依赖关键客户，使其在供求双方利益博弈中失去议价能力，导致企业的经济利益被关键客户所“侵占”。其次，根据产业组织理论，市场的激烈竞争使得企业常常面临竞争对手的“掠夺风险”，而关键客户的过于集中会加剧这种风险的危害性。再次，关键客户资源一旦流失或者关键客户自身经营失败，都会给企业的经营业绩带来较大的负面影响，还可能因此产生大量的呆账、坏账，这些都将会引发供应商企业资金链断裂风险，导致其陷入财务困境。面对关键客户资源对企业的重要影响以及“大客户依赖”问题可能引发的巨大风险，企业如何通过适当的财务手段来调节关键客户关系、抵御客户集中风险成为企业所关注的重要问题。

大量研究表明，当企业面临未来不确定程度增强时，企业会储备更多的财务柔性。在近 20 年中，无论是发达市场还是新兴市场，企业偏向于储备更多的财务柔性（陈德球、李思飞和王丛，2011）①。而对于财务柔性问题的研究，学者们从财务特征、公司治理、市场竞争环境、宏观经济政策等方面进行深入探讨，研究的深度已不再局限于传统的货币需求的成本收益分析，而更加关注于从公司战略的角度进行深层次的剖析。但从供应链上下游关系型交易这一视角出发对财务柔性决策的研究较为缺乏，从而忽略了企业间的商业关系网络这种非正式制度对企业财务行为的影响这一重要问题。事实上，企业适度的储备财务柔性，不仅可以被看作是一种“可置信的承诺”消除客户对合作风险的疑虑，加强彼此间的合作关系，而且还可以使企业在面临不利冲击时，有效地分

① 陈德球、李思飞、王丛：“政府质量、终极产权与公司现金持有”，《管理世界》，2011 年第 11 期，第 127～141 页。

散现金流风险而免于陷入财务困境，并在有利可图的投资机遇降临时以低成本筹集到项目所需资金。与此同时，另一个问题值得思考，适度的财务柔性会给企业带来积极的效应，而储备过多的财务柔性会导致企业资源的低效率从而给企业带来负面效应。祝继高、陆正飞（2009）① 指出，目前在公司治理较不完善的现实下，现金冗余会导致企业失去投资收益，并加剧管理层滥用现金的风险。那么目前企业因关系型交易而储备的财务柔性是否适度，进而会给企业带来怎样的经济后果？进一步，在现实世界中，制度影响着人们的利益预期与博弈规则，进而影响公司行为。因此，公司财务行为很大程度上内生于其所处的制度环境，企业内外部制度环境对企业的财务行为具有重要的影响。外部制度环境方面，我国目前处于转型经济时期，特殊的制度环境对企业的财务行为具有重要的影响，国有企业和非国有企业在资源配置、融资渠道、市场竞争等多方面存在差别化待遇。同时，各地区的资源禀赋、市场化进程以及社会环境有所差异，使得企业外部制度环境存在较大的地域性差别，这进一步影响到企业在产品市场的表现以及抵御风险的能力。而内部制度环境方面，完善的公司治理机制作为企业重要的制度安排，可以减少企业的代理问题，降低信息不对称程度，保障各项经营决策的科学有效性。这些因素是否会影响到财务柔性在协调关系型交易过程中所发挥的作用。基于此，本书试图探讨以下几个问题：基于目前关系型交易较为普遍的现实背景下，企业是否会通过调整财务柔性决策去协调关键客户关系？关系型交易影响财务柔性决策的内在机理是什么？关系型交易如何影响财务柔性决策的相关经济后果？进一步，制度环境因素和公司治理环境因素如何调节关系型交易与财务柔性决策二者之间的关系？

1.1.2 研究意义

（1）理论意义。

第一，丰富了财务柔性相关理论的研究视角和研究成果。以往对于财务柔性的研究多集中于宏观环境或微观企业角度对财务柔性决策的研究，本书基于产业组织理论研究视角，考察关系型交易对财务柔性决策的影响效应，有利于

① 祝继高、陆正飞：“货币政策、企业成长与现金持有水平变化”，《管理世界》，2009年第3期，第152～158页、第188页。

从财务柔性视角促进产业组织理论与财务理论的交叉研究，是财务柔性决策及其经济后果研究的有益拓展。

第二，拓展了关系网络相关理论研究视角。通过关系型交易对财务柔性决策的影响效应的研究，有助于深刻认识企业商业关系网络对财务决策的重要影响，发现企业配置组织内部资源来调整外部商业关系的规律，拓宽了商业关系网络和企业互动的研究思路，丰富了商业关系网络的相关文献。

第三，丰富了财务柔性决策经济后果的研究文献。将企业间的关系型交易与企业的财务行为的经济后果相结合，有助于深入理解财务柔性决策发挥竞争效应以及价值效应的作用机理以及实现条件，补充了财务柔性经济后果的现有研究文献，并为企业管理者优化财务柔性策略，提升企业产品市场竞争能力，为股东创造更多价值提供理论依据。

（2）实践意义。

第一，近年来，无论是发达市场还是新兴市场，财务柔性理念深入人心，从供应链上下游关系型交易的视角深入剖析企业财务柔性行为及其经济后果，探寻供应链竞争背景下财务管理模式，有助于企业管理层理性的认识财务柔性现象背后的深刻内涵。

第二，随着市场竞争的加剧，以“大客户依赖”为特征的关系型交易现象比比皆是，对该现象的深入研究有助于企业厘清商业关系网络与企业互动过程中存在的问题，发现关系型交易的本质特征以及“大客户依赖”的危害性，从而有助于企业在产品市场竞争中获得优势，促进企业价值的提升。

第三，本书立足于我国“关系型社会”的转型经济背景，深度解析制度环境和治理环境对关系型交易与财务柔性决策关系的调节作用。有助于深刻理解转型经济中的制度环境、治理效率对企业的良性发展所发挥的作用，有助于认识到政府改善制度环境、企业优化治理效率对促进实体经济可持续发展的重要意义。

1.2 主要概念界定

1.2.1 供应链关系型交易

从关系型交易的产生机制来看，当市场环境发达时，市场对公司的行为和声誉会做出更为激烈的回应，市场机制可以有效地约束公司之间的机会主义行为，有利于降低交易成本，公司也更容易寻找新的交易伙伴，转换成本降低，此时企业往往会选择市场化交易。而当市场发育越不成熟，信息非对称程度越高，市场信息壁垒就越严重，各种交易主体对所获取的交易渠道的依赖性越高。当公司面临的外部市场不发达时，公司获取资本、劳动力等生产要素的成本以及公司之间的交易成本均较高。市场信息非对称的壁垒阻碍了公司与客户之间的公平市场交易，提高了公司在市场上寻找新的供应商关系的难度，所以公司与供应商、客户之间进行专用性投资、建立关系型契约的动机增强。国内外大量研究支持这一观点，克莱因等（Klein et al.，1978）[①] 认为外部市场的不完善提高了企业间契约执行和监督成本，契约达成后也无法有效遏制机会主义行为，从而提高了资产中的可挤占租金，强化了资产专用性程度。约翰森等（Johnson et al.，2000）[②] 针对转轨经济国家的企业关系契约行为进行研究，发现国家的法律制度越不完善，企业越倾向于关系型契约。鲍尔等（Ball et al.，2000）[③] 的研究发现，大陆法系国家的企业，相对于海洋法系国家的企业来说，更为依赖“关系”进行交易。克莱森斯等（Claessens et al.，2003）[④] 研究发现，法律保护程度较差且企业的信誉无法通过有效市场来反映的情况下，企业更愿意建立“关系”进行交易。夏立军和陈信元（2007）[⑤] 通过对我国企业关系型契约的现实情况进行研究后，发现企业之所以会选择关系型交易，是由于外部市场的不完善，导致高昂的机会主义成本，阻碍了企业正常的市场化交易。而企业通过由私人信任体系所构建的关系网络进行交易，有利于降低交易成本，提高交易质量，自然成为企业的选择。李琳（2009）[⑥] 提出市场化程度越高、法律环境越好，

---

① Klein B，Crawford R A，Alchian1 A A. Vertical integration，appropriable rents and the contracting process [J]. Journal of Law and Economics，1978，(21)：297－326.

② Johnson S，Kauf mann D，Mcmillan J，et al. Why do firms hide? Bribes and unofficial activity after communism [J]. Journal of Public Economics，2000，76 (3)：495－520.

③ Ball R，Kothari S，Robin A. The effect of international institutional factors on properties of accounting earnings [J]. Journal of Accounting and Economics，2000，29 (2)：1－51.

④ Claessens S，Djankov S，Klapper L. Resolution of corporate distress in East Asia [J]. Journal of Empirical Finance，2003，10 (1－2)：199－216.

⑤ 夏立军、陈信元：“市场化进程、国企改革策略与公司治理结构的内生决定”，《经济研究》，2007年第7期，第82～95页、第136页。

⑥ 李琳、刘凤委、卢文彬：“基于公司业绩波动性的股权制衡治理效应研究”，《管理世界》，2009年第5期，第145～151页。

供应商客户之间的交易成本越低，二者越倾向于市场化交易，反之，会倾向于关系型交易。

本书所研究的“供应链关系型交易”是基于威廉姆森（Williamson，1979）[①]的思想，认为“关系型交易”是建立在定向专门化交易所延伸的长期契约关系基础上，交易主体之间具有以实物资产或人力资本投资的关系专用型投资，这使得交易双方产生互相依赖关系，当供应商或者客户一旦失势，会造成供应链中断，给当事人造成重大损失。同时，关系型交易易引发较大的机会主义行为，而法律等刚性机制在化解冲突时成本很高，使得交易双方在关系契约执行过程中，更多地依赖市场而不是法律实施机制。而后多位学者沿用了该观点来研究关系型交易的相关问题，如许晖（2014）[②]、赵秀云（2014）[③] 等。

完整的供应链关系型交易不仅包括企业与下游客户之间的关系，还包括企业与上游供应商之间的关系。而以“关键客户依赖”为特征的关系型交易与“关键供应商依赖”为特征的关系型交易对企业财务行为的影响呈现出不同的特征。基于篇幅所限，本书仅仅站在供应商企业的角度，考虑以“关键客户依赖”为特征的关系型交易对企业财务行为的影响。基于此，本书的“供应链关系型交易”是指企业与具有战略合作关系的关键客户通过关系契约而形成的商业关系交易，是基于企业间的信任关系而建立的非正式外部治理机制，以下简称“关系型交易”。

1.2.2 财务柔性

自财务柔性的研究开展以来，理论界对财务柔性概念至今尚未统一。国内外学者对财务柔性的概念界定也存在差异。国外主流观点主要从融资角度出发来定义财务柔性，强调财务柔性是获取和调用财务资源的能力。早期具有代表性的观点有美国财务会计准则委员会（FASB，1984）以及美国注册会计师协会（AICPA，1993）年的观点，认为财务柔性是“能够采取有效行动改变现金

---

① Williamson O E. Transaction - Cost Economics: The Governance Of Contractual Relations [J]. Journal of Law & Economics, 1979, 22 (2): 233 - 262.

② 许晖、冯永春、许守任：“基于动态匹配视角的供应商与关键客户关系的构建与演进——力神开发 12 家关键客户的案例研究”，《管理世界》，2014 年第 4 期，第 107 ~ 123 页、第 188 页。

③ 赵秀云、鲍群：“供应商与客户关系是否影响企业现金持有水平——基于制造业上市公司面板数据的实证分析”，《江西财经大学学报》，2014 年第 5 期，第 41 ~ 48 页。

流的数量和时间以对非预期需求和机会做出反应的能力”。早期的财务柔性定义强调主要手段是通过配置现金流量，主要作用是被动地应对及预防不确定风险。随着经济环境的不确定性加剧，财务柔性的内涵不断延伸，具有代表性有迪安杰洛（Deangelo，2007）[①] 首次提出了较为完整的财务柔性理论框架（简称 DD 理论），该理论认为对于成熟且能产生自由现金流的企业而言，事前的最优财务政策可以使其更容易从资本市场获取资金以满足未来意外的盈余下降以及潜在的投资机会的需要。与早期的财务柔性定义相比，这个阶段的财务柔性具体获取方式不再局限于现金流量，而是强调运用资本结构的手段，偏向于从现金流和剩余负债能力定义财务柔性，同时强调筹集和运用资金成本的最小化原则。金融危机爆发之后，财务柔性的价值进一步被重视，其内涵也得到了延伸。财务柔性价值不仅体现为“被动”应对经营环境的动态变化和不确定风险的反应和预防价值，而且更加强化企业财务柔性对有利投资机会的“主动”利用价值。同时，财务柔性的定义中在强调筹集和运用资金的成本最小化原则同时，更加强调运用财务柔性的最终目的在于实现企业价值的最大化理念。

与国外财务柔性的研究相比，国内对财务柔性的研究起步较晚，仍属于新兴的领域。对财务柔性的概念理解仍未统一。一种主流的观点是从整体财务管理系统角度出发定义财务柔性，认为财务柔性是以主动适应环境动态变化和有效处理系统不确定风险为目标，以财务资源有效整合、财务行为有效优化，财务关系有效协调为路径，以通过财务行为进行风险管理的过程和结果为表现的一种综合能力（赵华、张鼎祖，2010）[②]。这种概念更加强调全局观，重点关注财务柔性概念、特征及作用，但多限于对财务柔性的初步理论的探讨，更多体现出柔性管理理念。但财务柔性概念在这种框架下难以量化，无法对其有效性进行实证检验，难以对财务柔性相关问题进行深入研究。另一种观点是借鉴国外的观点，从投融资角度对财务柔性进行了清晰的概念界定，强调财务柔性是企业能以合理价格、及时获取和调动财务资源以便预防和利用未来不确定性

---

① Deangelo H，Deangelo L. Capital Structure，Payout Policy，and Financial Flexibility [J]. SSRN Working Paper，2007.

② 赵华、张鼎祖：“企业财务柔性的本原属性研究”，《会计研究》，2010 年第 6 期，第 62 ~ 69 页、第 96 页。

事件，实现企业价值最大化的能力（曾爱民，2011）①。两种角度的定义互为补充，有利于理论基础和实践检验的优势互补。

1.2.3 关系专用性投资

关系型交易中一个重要特点来自于企业间的关系专用性投资，所谓“关系专用性投资”是指企业基于与特定交易伙伴保持长期贸易关系的目的出发，对交易伙伴进行的具有专用性特征的资产投资。关系专用性投资的存在是建立于正式契约基础上的一种信任机制（刘仁军，2006）②，也是一种因信任而发展起来的非正式外部治理机制。企业间的关系专用性投资有助于企业构建信任体系、降低交易成本、形成和扩展承诺机制、创造高水平关系租金、实现价值创造，并且贸易双方合作关系越久，企业获取的溢价就越多（林钟高、郑军、彭琳，2014）③。作为一种关系型契约，关系投资的实施往往是以双边长期合作形成的关系为基础的。这一方面可以促成双边的合作，表现为企业与主要供应商/客户商业贸易往来关系更加稳定。但另一方面也会形成双边的垄断，表现为交易双方的相互依赖程度不断增强，投资的资产具有较高的专用性程度，更容易形成交易双方锁定，使交易伙伴都无法轻易退出交易（Williamson，1985）④。而这会引发具有机会主义倾向的交易方更多的讨价还价以谋求大量的私利。同时由于交易双方信息不对称，交易伙伴很难及时、准确地获得对方的私有信息，更加难以预测交易何时终止，由此给交易伙伴带来较高的损失（Hui等，2012）⑤。为了增强投资方对未来长期合作的信心，降低其对企业履约动机及履约能力的机会主义风险的担心，当企业与投资方之间建立关系契约时，往往会通过多种财务决策安排来提供“可置信承诺”，这是缔结并稳定契约关系之关键所在。

---

① 曾爱民、傅元略、魏志华：“金融危机冲击、财务柔性储备和企业融资行为——来自中国上市公司的经验证据”，《金融研究》，2011年第10期，第155~169页。

② 刘仁军：“关系契约与企业网络转型”，《中国工业经济》，2006年第6期，第91~98页。

③ 林钟高、郑军、彭琳：“关系型交易、盈余管理与盈余反应——基于主要供应商和客户视角的经验证据”，《审计与经济研究》，2014年第2期，第47~57页。

④ Williamson O E. The Economic Institutions of Capitalism [J]. The Free Press, 1985.

⑤ Hui K W, Klasa S, Yeung P E. Corporate suppliers and customers and accounting conservatism [J]. Journal of Accounting and Economics, 2012, 53 (1-2): 115-135.

1.3 研究思路、方法和框架

1.3.1 研究思路和内容安排

（1）研究思路。

本书基于规范理论分析的基础，通过实证方法研究关系型交易对企业财务柔性决策的相关影响效应。整体研究思路如下：

首先，介绍本书的研究背景，在此基础上提出相关研究问题，并对本研究的理论意义和实践意义加以阐述；对财务柔性和关系型交易相关理论及应用的学术成果进行文献综述以及研究述评，并在此基础上梳理相关理论基础，并为后面的研究奠定基础。其次，分析关系型交易影响企业财务柔性决策的内在机理和具体路径，进而提出基于关系型交易而储备财务柔性的动机。进一步，分别考察企业储备现金柔性和负债融资柔性在协调关系型交易时的动机的差异性。再次，考察关系型交易对财务柔性决策的经济后果的影响效应，包括关系型交易对财务柔性决策的竞争效应以及价值效应的影响，进而明确关系型交易的本质特征以及财务柔性决策经济效应的实现条件。第四，分别探讨外部制度环境因素以及内部公司治理因素对关系型交易与财务柔性决策二者关系的调节效应。最后，基于以上理论和实证分析结果，从企业层面和政府层面提出相关政策建议，并指出本书研究的局限性以及未来的研究展望。

（2）内容安排。

本书研究的主要内容包括：关系型交易与财务柔性决策的动机问题分析；关系专用性资产对财务柔性决策影响问题分析；关系型交易对财务柔性决策的竞争效应的影响问题分析；关系型交易对财务柔性决策的价值效应的影响问题分析；制度环境对关系型交易与财务柔性决策二者关系的调节作用分析；公司治理因素对关系型交易与财务柔性决策二者关系的调节作用分析；对该问题的相关政策建议等。各章节内容安排如下：

第 1 章，绪论。本章主要交代研究背景及意义、主要概念界定、研究思路、研究内容、研究方法、技术路线、主要贡献及创新之处。

第 2 章，相关文献综述。本章分别对财务柔性相关文献以及关系型交易相关文献进行了梳理及述评。首先，在财务柔性的相关研究中，分别从财务柔性的概念界定、财务柔性的来源、财务柔性决策的竞争效应以及财务柔性决策的价值效应等方面梳理了相关理论文献，并进行文献述评。在关系型交易相关研究中，分别从关系型交易的概念及度量、关系型交易对企业的作用机制以及关系型交易对财务决策的影响效应等方面梳理了相关理论文献，并进行文献述评。

第 3 章，供应链关系的理论基础。本章主要梳理了解释供应链关系的若干理论，如交易成本理论、资源基础理论、资源依赖理论、委托代理理论以及关系契约理论，为进一步解释关系型交易提供坚实的理论基础。

第 4 章，关系型交易与财务柔性储备动机。本章主要研究企业与关键客户之间的关系型交易如何影响企业财务柔性决策的内在机理及具体路径。首先，基于关系型交易对企业的关系资本性以及关系风险性特征分析，提出关系型交易影响企业储备财务柔性的内在机理和具体路径，进而发现基于关系型交易的财务柔性储备动机。其次，基于企业间的关系专用性投资的内在特征，进一步厘清企业不同的财务柔性实现途径背后的动机。再次，基于中国制造业上市公司数据实证检验上述各层次的影响效应，进而明确供应链关系型交易对财务柔性的影响效应。结果表明，企业随着关系型交易程度的增加会出于战略承诺性动机和风险预防性动机储备更多的财务柔性，其中企业储备现金柔性主要基于风险预防性动机，而储备负债融资柔性主要基于战略承诺性动机。

第 5 章，关系型交易对财务柔性决策经济后果的影响。本章主要研究关系型交易对财务柔性决策的竞争效应以及价值效应的影响。首先，考察企业的财务柔性决策是否具有竞争效应以及价值效应？其次，考察关系型交易程度大小如何影响企业财务柔性决策的竞争效应。再次，考察关系型交易程度大小如何影响企业财务柔性决策的价值效应。并在此基础上，考察关系型交易是否通过财务柔性决策的市场竞争效应来影响其价值效应。最后，基于中国制造业上市公司数据实证检验上述各层次的影响效应。结果表明，财务柔性决策具有竞争效应与价值效应，而企业对关系型交易的依赖会弱化企业财务柔性决策的竞争效应。对于关系型交易程度高的企业，财务柔性决策难以为企业带来价值的增值效应。而当企业关系型交易程度较小时，其储备的财务柔性能够为企业带来价值增值。仅在企业产品市场竞争力较强的条件下，关系型交易才能够通过影响财务柔性的竞争效应而促进企业价值增值。

第6章，关系型交易与财务柔性决策关系的外部制度因素调节效应。本章主要考察外部制度环境因素对关系型交易与财务柔性决策的二者关系的调节作用。首先，考察企业产权性质的差异对关系型交易与财务柔性决策二者关系的影响效应。其次，考察地方制度环境，包括政府干预、法制环境、金融环境以及诚信环境的差异，对关系型交易与财务柔性决策二者关系的影响效应。结果表明，相对国有企业而言，非国有企业因关系型交易而储备财务柔性的动机更加强烈。而地区制度环境的改善，会降低非国有企业因关系型交易而储备财务柔性的动机，对国有企业的该动机影响较不明显。

第7章，关系型交易与财务柔性决策关系的内部治理因素调节效应。本章主要考察内部公司治理因素对关系型交易与财务柔性决策二者关系的调节作用。首先，基于公司治理的特征，构建公司治理指数。其次，考察企业公司治理的差异对关系型交易与财务柔性决策二者关系的影响效应。结果表明，企业公司治理水平越高，企业基于关系型交易而储备财务柔性的动机越小。

第8章，研究结论与展望。通过归纳本书的主要研究结论，从政府层面和企业层面针对如何改善“大客户依赖”现状以及如何优化财务柔性决策等方面提出政策建议，并指出本书的研究局限性以及未来的研究方向。

1.3.2 研究方法和技术路线

本书采用规范理论分析以及实证研究相结合的方法。其中研究背景、相关文献综述、理论基础及研究假设推导等部分主要采用归纳和演绎等规范研究方法。在对研究假设的实证检验过程中，主要采取多元回归分析、主成分分析等实证研究方法。具体的技术路线如图1-1所示。

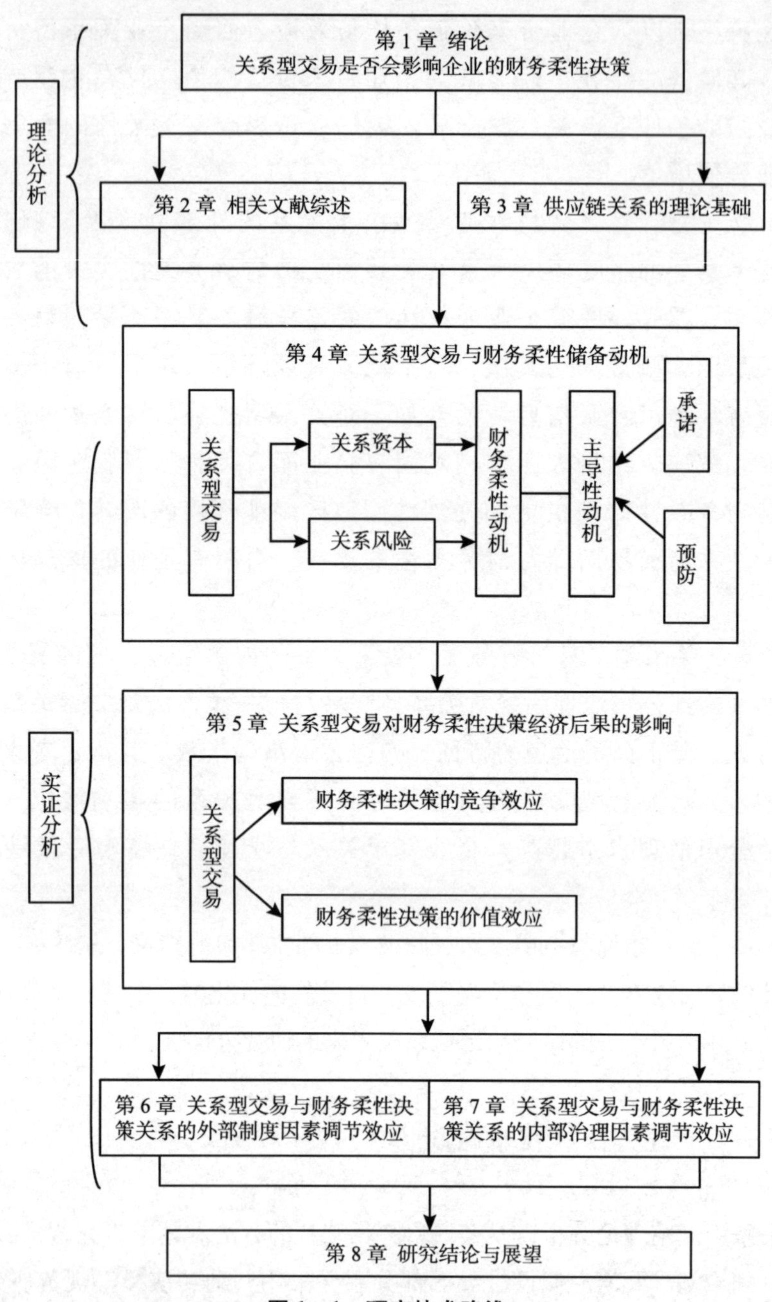

理论分析
第1章 绪论
关系型交易是否会影响企业的财务柔性决策
第2章 相关文献综述
第3章 供应链关系的理论基础
第4章 关系型交易与财务柔性储备动机
关系型交易
关系资本
关系风险
财务柔性动机
主导性动机
承诺
预防
实证分析
第5章 关系型交易对财务柔性决策经济后果的影响
关系型交易
财务柔性决策的竞争效应
财务柔性决策的价值效应
第6章 关系型交易与财务柔性决策关系的外部制度因素调节效应
第7章 关系型交易与财务柔性决策关系的内部治理因素调节效应
第8章 研究结论与展望

图1-1　研究技术路线

1.4 创新之处

本研究从关系型交易对企业财务柔性决策的影响机理和传导机制出发，全面研究了基于关系型交易而储备财务柔性的动机和经济后果，并探寻外部制度调节因素和内部公司治理调节因素，继而提出有针对性的政策建议。该研究立足中国国情和市场特点，以“动因—行为—后果”为逻辑线索，研究思路清晰全面，对供应链管理理论和财务柔性相关理论的研究具有重要启示。本研究主要创新点如下：

第一，为财务柔性相关文献的研究提供了新的视角。已有研究主要从宏观经济环境、行业特征、公司治理、企业特征等方面研究财务柔性决策，而从供应链上下游之间的关系型交易视角出发，对企业财务柔性决策进行系统的研究较为欠缺。本书基于产业组织理论，考察关系型交易对财务柔性决策的影响，尝试通过交叉学科的研究为财务柔性决策问题寻找一条新的路径，丰富了非财务利益相关者与财务会计交叉研究的文献。

第二，拓宽了非财务利益相关者对企业财务行为的影响路径的研究思路。已有研究侧重于客户的关系资本性，而忽略其关系风险性。本研究综合这两种特质，深度解析财务柔性决策在协调供应链关系时发挥的作用以及不同实现途径的作用差异，拓宽了非财务利益相关者对企业财务行为的影响路径的研究思路。

第三，丰富了财务柔性决策经济后果的影响因素的相关文献。目前从供应链上下游关系角度考察财务策略的经济后果的研究较为匮乏，忽略了财务行为经济后果实现条件。本书通过关系型交易对财务柔性的竞争效应和价值效应的作用机理的研究，发现关系型交易会弱化财务柔性决策的经济效应，丰富了财务柔性决策经济后果的影响因素的相关文献。

第四，基于中国这种“关系型社会”的转型经济背景，深度解析制度环境和治理环境对关系型交易与财务柔性决策关系的调节作用，发现制度环境以及治理环境的优化对降低关系型交易的负面效应具有重要作用，有利于揭示上述影响的企业内外部的制度条件。

第 2 章

相关文献综述

2.1 财务柔性相关文献综述

企业柔性理论源于 20 世纪 30 年代，是哈特等（Hart et al.）在研究企业受经营周期影响时提出的概念。到了 80 年代，柔性理论得到了进一步的应用，研究从金融学领域延伸至管理学相关领域，从而极大地丰富和发展了柔性理论。直到 20 世纪末财务柔性作为集成柔性中的子系统开始被研究。

随着柔性理论的深入研究，该理论逐步向企业经营管理领域发展。财务柔性是柔性理念在企业财务决策中的体现，随着经济环境不确定性日益增强，财务决策保持适度的柔性有利于企业应对环境不确定性对企业造成的不利冲击，促进企业价值最大化。尤其在金融危机爆发后，财务柔性不足的企业往往面临资金链断裂的风险，纷纷在财务危机中倒闭，而具有财务柔性的企业不仅安稳度过危机时期，而且还能够利用柔性财务资源抓住危机所带来的投资机会，提升企业的竞争力，管理者越来越意识到财务柔性决策的重要作用。因此，财务柔性作为财务会计领域的重要问题，越来越被学者们所重视。目前关于财务柔性的理论研究主要集中于财务柔性的概念界定、财务柔性获取方式、财务柔性的影响因素以及财务柔性决策的经济后果等。

2.1.1 财务柔性的概念界定

财务柔性问题自研究至今，理论界尚未对财务柔性概念进行统一的界定。国内外研究学者对财务柔性的概念认知也存在差异。国外主流观点对财务柔性的定义主要从融资角度出发，并强调财务柔性是一种企业获取和调用财务资源的能力。早期具有代表性的观点有：美国财务会计准则委员会（FASB）在1984年定义财务柔性是“能够采取有效行动改变现金流的数量和时间以对非预期需求和机会做出反应的能力”。美国注册会计师协会（AICPA）在1993年也对财务柔性进行类似的定义，称其是“企业采取有效的措施以消除企业所需要的或预期的现金支出超过预期现金流入的能力”。早期的财务柔性定义中强调配置现金流量作为主要手段，并且强调企业利用财务柔性被动地对不确定风险进行反应以及预防作为主要作用。

随着经济环境的不确定性加剧，财务柔性的内涵不断延伸，吉尔森和沃纳（Gilson & Warner，1997）①进一步定义财务柔性为“企业通过资本结构手段的运用来降低交易成本和机会成本，从而为企业提供低成本资金的能力”。类似的，格林汉姆和哈维（Graham & Harvey，2001）②定义财务柔性是企业通过调整资本结构，以最小化支付利息来获取未来扩张、并购等未来投资所需资金的能力。迪安杰洛等（2007）③首次提出比较完整的DD理论，DD理论提出对于较为成熟且自由现金流充裕的企业而言，通过最优财务政策事前安排可以使其更容易从资本市场获取资金以满足未来意外的盈余下降以及潜在的投资机会的需要。与早期的财务柔性概念相比，此阶段财务柔性具体的实现途径不再局限于现金流量，而是强调运用资本结构的手段，偏向于从现金流和剩余负债能力定义财务柔性，同时强调筹集和运用资金成本的最小化原则。

金融危机爆发之后，市场经营环境的恶化以及不确定性的风险的增加，使得企业越来越重视财务柔性的价值，其内涵也得到了一定的延伸。岗巴和特里安蒂斯（Gamba & Triantis，2008）④提出企业储备财务柔性有利于其以较低的成本来获取资金，不仅可以预防企业由于市场不利冲击而陷入财务困境的风险，而且可以帮助企业以较低的成本来抓住有利可图的投资机会。布永恩

① Gilson S C，Warner J B. Junk Bonds，Bank Debt，and Financing Corporate Growth [J]. SSRN Electronic Journal，1997.

② Graham J R，Harvey C R. The theory and practive of corporate finance：Evidence from the field [J]. Journal of Financial Economics，2001，60 (1)：187-243.

③ Deangelo H，Deangelo L. Capital Structure，Payout Policy，and Financial Flexibility [J]. Ssrn Electronic Journal，2007.

④ Gamba A. Triantis A. The value of financial flexibility [J]. Finance. 2008，63：2263-2296.

(Byoun，2008)[①] 同样认为财务柔性是企业一种调动财务资源的能力，这种能力能够帮助企业预防风险，并利用未来潜在机会实现企业价值的最大化。因此，金融危机之后，财务柔性价值不仅仅体现为“被动”应对经营环境的动态变化以及对不确定风险的反应和预防价值，而且更加强化企业财务柔性对有利投资机会的“主动”利用价值。另外，财务柔性的定义中强调资金成本最小化原则同时，更加强调运用财务柔性的最终目的在于实现企业价值的最大化理念。

与国外财务柔性的研究相比，国内学者对财务柔性的研究起步较晚，仍属于新兴的领域。对财务柔性的概念理解仍未统一。一种主流的观点是从整体财务管理系统角度出发定义财务柔性，认为财务柔性是一种综合的调控能力。具有代表性的观点有：邓明然和曾玲芳（2004）[②] 提出应将财务柔性看作是财务管理系统性的柔性，包括筹资、投资、营运管理以及利润分配等相关活动的柔性。赵湘莲和韩玉启（2005）[③] 持类似观点，认为财务柔性体现在财务管理活动的各个方面，是保证财务系统能够及时且低成本的应对环境不确定性的一种能力。赵华和张鼎祖（2010）[④] 将财务柔性定义为一种财务系统综合能力，是以主动适应环境动态变化和有效处理系统不确定风险为目标，以财务资源有效整合、财务行为有效优化，财务关系有效协调为路径，以通过财务行为进行风险管理的过程和结果为表现的一种综合能力。包括财务缓冲能力、适应能力、协调能力和创新能力。另一种观点是借鉴国外的观点，从投融资视角出发来定义财务柔性，具有代表性的观点有：姜英冰（2002）[⑤] 提出财务柔性是企业调动多余现金以及剩余负债，以应对可能发生或难以预见的突发情况，以及把握未来潜在投资机遇的能力。葛家澍和占美松（2008）[⑥] 定义财务柔性是一种超

---

① Byoun S. How and When do Firms Adjust Their Capital Structures toward Targets? [J]. Journal of Finance, 2008, 63 (6): 3069-3096.

② 邓明然、曾玲芳：“论网络财务与企业理财系统柔性”，《财贸研究》，2004 年第 1 期，第 98~101 页。

③ 赵湘莲、韩玉启：“企业财务管理柔性水平的动态监控”，《工业技术经济》，2005 年第 2 期，第 131~133 页。

④ 赵华、张鼎祖：“企业财务柔性的本原属性研究”，《会计研究》，2010 年第 6 期，第 62~69 页、第 96 页。

⑤ 姜英冰：“财务灵活性——资本结构安排的新角度”，《财会通讯》，2002 年第 2 期，第 12~14 页。

⑥ 葛家澍、占美松：“企业财务报告分析必须着重关注的几个财务信息——流动性、财务适应性、预期现金净流入、盈利能力和市场风险”，《会计研究》，2008 年第 5 期，第 3~9 页、第 95 页。

额现金的概念，认为是企业通过采取财务措施调节现金流的时间和金额来满足现金流的不时之需并抓住潜在投资机会的一种能力。曾爱民等（2011）[①]从投融资角度对财务柔性进行了清晰的概念界定，强调财务柔性是企业能以合理价格及时获取和调动财务资源以便预防和利用未来不确定性事件，实现企业价值最大化的能力。

纵观国内关于财务柔性的两类定义，前者强调对财务系统整体的柔性研究，重点关注财务柔性概念、特征及作用，虽然这种概念更体现出全局观，能够体现财务柔性的本质，但多限于对财务柔性的初步理论的探讨，更多体现出柔性管理理念在财务领域的应用。另外，财务柔性概念在这种框架下难以量化，无法对其有效性进行实证检验，难以对财务柔性相关问题进行深入研究。而后者沿用了国外的观点，从投融资视角对财务柔性进行了清晰的概念界定，有利于实证检验。综合来看，两种角度的定义互为补充，能够发挥理论基础和实践检验的优势互补作用。

2.1.2 财务柔性的来源

财务柔性发挥作用是以企业能够获取以及调动财务资源作为前提条件的。关于企业财务柔性的内在构成或者来源，目前尚未形成系统全面的理论体系。研究的重点关注于利用内部和外部两种资金来源渠道储备更多的财务资源来保持财务柔性，以增强未来抵御不确定风险并抓住有利的投资机遇的能力。

（1）内部资金来源。

大量研究表明，企业超额持有现金是其获取财务柔性主要的内部资金来源渠道。对于超额现金持有问题，学者们对现金持有动机、现金持有决策的影响因素等问题从理论和实证两方面进行了深入的研究。已有研究提出了现金持有的动机包括交易性动机、预防性动机、投机性动机、税务动机、代理动机等。交易性动机是指企业为了降低日常交易成本，应付日常经营交易活动而持有一定的现金，很多早期研究都支持这一动机。预防性动机是指，当企业面临融资约束或者未来投资机会尚不确定时，企业充足的现金储备有利于缓解融资约束对

---

① 曾爱民、傅元略、魏志华：“金融危机冲击、财务柔性储备和企业融资行为——来自中国上市公司的经验证据”，《金融研究》，2011年第10期，第155~169页。

企业的不利影响，并抓住未来有利的投资机会。贝茨等（Bates et al.，2009）[①]通过研究发现，当企业经营现金流波动性较大情况下，企业会出于预防性动机而持有更多的现金。投机性需求是企业为了抓住突然出现的获利机会而持有现金的动机。税务动机，福利等（Foley et al.，2007）[②]发现跨国公司持有更多的现金会考虑到避税方面的因素。代理动机，詹森（Jensen，1986）[③]基于股东和经理人之间的代理成本的分析，提出在所有权和经营权两权分离的前提下，管理者为满足其私人的利益需求会持有大量的现金。而近年来，随着市场经营环境以及宏观经济环境的不确定风险的增加，管理者越来越重视利用现金作为风险管理工具来发挥作用。欧普勒等（Opler et al.，1999）[④]认为，当行业风险加大时，企业偏向于超额持有现金以节约交易成本，抵御不确定因素的影响并为潜在的投资机会提供资金。阿尔梅达和坎佩洛（Almeida & Campello，2007）[⑤]等发现企业现金储备能为企业创造更多的财务柔性，可以有效抵御宏观经济波动带来的冲击，提高企业抗风险能力。韩和邱（Han & Qiu，2007）[⑥]发现对于融资约束程度较大的企业而言，保持现金柔性有利于抵御未来可能发生的现金流风险，从而保持其财务策略的稳定性。达钦等（Duchin et al.，2010）[⑦]通过对金融危机中的企业行为进行考察，发现在金融危机中所受冲击较小的企业往往都持有大量的现金来抵御风险。我国学者祝继高和陆正飞（2009）[⑧]发现紧缩的货币政策下银行会收紧信贷，从而限制了企业的融资能力，而持有现金可

---

① Bates T W，Kahle K M，Stulz R. Why do U. S. firms hold so much more cash than they used to？[J]. Journal of Finance，2009，(64)：1985－2021.

② Foley，Fritz C，Hartzell J，et al. Why Do Firms Hold so Much Cash？A Tax-based Explanation [J]. Journal of Financial Economics，2007，86：579－607.

③ Jensen M C. Agency Costs of Free Cash Flow，Corporate Finance and Takeovers [J]. American Economic Review，1986，76 (2)：323－329.

④ Opler T，Pinkowitz L，Stulz R，et al. The determinants and implications of corporate cash holdings [J]. Journal of Financial Economic，1999，52：3－34.

⑤ Almeida H，Campello M. Financial Constraints，Asset Tangibility，and Corporate Investment [J]. Review of Financial Studies，2007，20 (5)：1429－1460.

⑥ Han S J，Qiu J P. Corporate Precautionary Cash Holdings [J]. Journal of Corporate Finance，2007，13 (1)：43－57.

⑦ Duchin R. Cash Holding and Corporate Diversification [J]. Journal of Finance，2010，65 (3)：955－992.

⑧ 祝继高、陆正飞："货币政策、企业成长与现金持有水平变化"，《管理世界》，2009 年第 3 期，第 152～158 页、第 188 页。

以有效规避融资风险。杨兴全和吴昊旻（2015）[①] 发现，企业会保持更多的现金柔性以保障其在市场竞争中的优势地位并规避相应的经营风险，尤其是产品市场竞争更为激烈或者产品专用性程度较高时，企业持有现金的动机更加强烈。

现金持有影响因素方面，目前研究从财务特征、公司治理、行业特征、市场竞争环境、宏观经济环境等多方面围绕着现金持有问题展开。迪特马尔等（Dittmar et al.，2003）[②] 从股东权益保护程度视角来研究现金持有问题，发现股东权益受保护程度较弱的国家，无论资本市场是否发达，企业都会保持较多的现金柔性。豪沙尔特等（Haushalter et al.，2007）[③] 从产品市场竞争程度的视角来剖析企业的现金持有问题，得出产品的行业竞争激烈程度越高，企业越会保留更多的现金。哈福德等（Harford et al.，2008）[④] 从公司治理的角度考察现金持有问题，发现公司治理较为完善以及股东权益保护程度较高时，管理者可以持有较多的现金，同时又可以有效地降低代理问题。国内方面，周婷婷和韩忠雪（2010）[⑤] 从产品市场竞争角度研究企业现金持有决策，发现市场竞争越激烈，企业会持有更多的现金，二者关系受到高管变更的调节作用。王福胜和宋海旭（2012）[⑥] 从企业多元化战略的角度考察对现金持有决策的影响后，发现多元化的经营战略所具有的内部融资以及风险分散的优势，会提高企业现金的配置效率，降低企业持有现金的动机。

（2）外部资金来源。

除了内部资金来源以外，企业剩余负债能力产生的外部资金可得性是财务柔性的另一重要来源。最早提出剩余举债能力的是 MM 理论，认为企业可以通过低财务杠杆政策维持持续且可观的未使用的借款能力。格林汉姆和哈

① 杨兴全、吴昊旻、曾义："公司治理与现金持有竞争效应——基于资本投资中介效应的实证研究"，《中国工业经济》，2015年第1期，第121~133页。

② Dittmar A，Mahrt - Smith J，Servaes H. International Corporate Governance and Corporate Cash Holdings [J]. Journal of Financial & Quantitative Analysis，2003，38（1）：111 - 133.

③ Haushalter D，Klasa S，Maxwell F W. The Influence of Product Market Dynamics on a Firm's Cash Holdings and Hedging Behavior [J]. Journal of Financial Economics，2007，84：797 - 825.

④ Harford J，Mansi S A，Maxwell W F. Corporate governance and firm cash holdings in the US [J]. SSRN Electronic Journal，2008，87（3）：535 - 555.

⑤ 周婷婷、韩忠雪："产品市场竞争与现金持有——基于高管变更的调节效应"，《管理科学》，2010年第3期，第2~13页。

⑥ 王福胜、宋海旭："终极控制人、多元化战略与现金持有水平"，《管理世界》，2012年第7期，第124~136页、第169页。

维（2000）[①] 通过研究提出，规模较大的公司更偏向于更加保守的负债行为，而这种保守的负债使得企业盈利能力更具持久性。同时，企业通过保持低财务杠杆来储备负债融资柔性，可以使其面临融资约束时，具有较多的尚未使用的借款能力，为后期低成本地筹集所需资金做准备，增强未来抵御不确定风险的能力并抓住有利的投资机遇。关于剩余负债能力如何发挥财务柔性的作用，一方面剩余负债能力高代表公司对未来有价值的投资机会具有良好预期，企业为抓住未来可能出现的投资机遇储备负债融资能力的需求更为强烈。布永恩（2008）[②] 认为企业保持剩余负债能力有利于把握未来有利的投资机会并促进企业的增长等。另外，企业储备负债融资柔性有利于应对未来不确定环境因素所引发的各种不利冲击。阿斯兰等（Arslan et al.，2011）[③] 通过将 1997 年东南亚金融危机作为外生事件研究发现，金融危机中财务资源储备较充分的企业，能够更好地度过危机并抓住危机所带来的机遇促进其更好的发展。我国学者曾爱民等（2013）[④] 以 2007 年爆发的全球金融危机作为冲击事件，得出类似的结论，企业在危机之前保持较多的财务柔性，会具有更强的筹集资金和调用资金能力以度过金融危机。此外，剩余的负债能力还可以视为一种积极的信号向信息使用者传递企业财务稳健的信息，这种信号有利于在产品市场产生威慑力，促进企业的市场竞争能力。

（3）多种财务政策综合利用。

近年的研究发现，企业更加倾向于通过多项财务政策综合运用来储备财务柔性，DD 理论作为系统研究财务柔性问题的首部理论，对财务柔性获取途径进行了较为完整的理论分析。DD 理论指出企业的内源性资金由于代理成本和公司税的存在，而导致资金成本较高。管理层需要寻求从外部资本市场获取资源以满足非预期投资机会等。而企业目前的借款成本除了考虑正常的利息以外，还需考虑未来遇到种种风险所急需借款而无法借到所需款项的机会成本。

---

① Graham J R，Harvey C R. The theory and practive of corporate finance：Evidence from the field [J]. Journal of Financial Economics，2001，60（1）：187 -243.

② Byoun S. How and When do Firms Adjust Their Capital Structures toward Targets? [J]. Journal of Finance，2008，63（6）：3069 -3096.

③ Arslan O，Florackis C，Ozkan A. Financial Flexibility，Corporate Investment and Performance：Evidence from East Asian Firms [J]. Review of Quantitative Finance & Accounting，2012，42（2）：211 -250.

④ 曾爱民、张纯、魏志华："金融危机冲击、财务柔性储备与企业投资行为——来自中国上市公司的经验证据"，《管理世界》，2013 年第 4 期，第 107 ~120 页。

也就是说，如果企业当前过度使用了其负债筹资能力，未来若面临投资扭曲的风险时，其筹资额度将会大大降低，因此企业应保持较低当前负债比率以增强未来负债融资柔性。DD 理论指出，若企业较为成熟并且自由现金流较为流畅，可以通过采取较低财务杠杆、持续的权益支付以及适度的现金储备等财务政策事前进行综合安排以保证低成本地获取财务柔性。该理论明确提出了财务柔性应从现金融资能力、负债融资能力以及权益融资能力三个角度去考察，而后的研究基本上都围绕着上述三种财务柔性实现渠道进行讨论和研究。

在国内文献中，葛家澍和占美松（2008）[①] 曾经提出企业可以通过销售策略的改变来增加现金流入、股票或债券短期发行、向金融机构借款贷款以及在保持持续经营的前提条件下对闲置或使用效率较低的资产进行出售四种途径来储备财务柔性。这四种途径是对具体实践的总结，并不能代表一般性的规律。曾爱民等（2014）[②] 在梳理了国内外文献后，他同样指出单一财务政策虽能获得财务柔性但会损害企业价值，企业综合运用多种财务政策，可以低成本且有效地获取财务柔性。在借鉴 DD 理论的基础上，归纳出企业储备财务柔性的五种财务政策，包括持有高额的现金、保持低财务杠杆、联合安排多项财务政策、选择合适的支付政策、优化负债结构。

综上所述，早期有关财务柔性的内在构成或者实现途径方面的研究，更加着眼于通过储备多余的财务资源来保持财务柔性，研究的重点关注于内外部资金可得性。DD 理论作为首个较为完整的财务柔性获取途径的理论，将多种获取途径纳入统一的框架中分析，明确提出企业通过保持低财务杠杆、进行持续的权益支付和适度的现金储备等财务决策的综合安排是最优的财务柔性决策实现途径，体现了获取财务柔性的成本最小化原则，以期实现企业价值最大化目标。但值得注意的是，目前我国处于经济转轨时期，资本市场有效性较弱，企业的权益融资行为以及股利支付行为受政策影响较大，如 2001 年起，证监会出台了一系列与再融资资格管制关联的半强制分红政策，2008 年证监会提出上市公司公开发行证券应符合“最近三年以现金方式累计分配的利润不少于最近三年实现的可分配利润的 30%”的政策，这些政策的出台一方面使得权益

① 葛家澍、占美松：“企业财务报告分析必须着重关注的几个财务信息——流动性、财务适应性、预期现金净流入、盈利能力和市场风险”，《会计研究》，2008 年第 5 期，第 3 ~ 9 页、第 95 页。

② 曾爱民、张纯、朱朝晖：“西方财务柔性理论最新研究进展”，《商业经济与管理》，2014 年第 10 期，第 43 ~ 54 页。

融资渠道受到严格的管制，另一方面使得公司股利支付在资本市场上无法实现信号传递功能，股利支付政策往往表现为相关政策下的迎合行为。因此，基于我国目前制度环境，从根源上说，财务柔性的实现途径，主要还是通过超额持有现金、保持剩余负债能力以及它们之间的综合安排，很少考虑权益支付能力。

2.1.3 财务柔性决策的竞争效应

产业组织理论认为，企业的财务决策与其所在行业的市场竞争效应具有千丝万缕的联系。企业基于产品市场竞争环境、公司战略以及资本市场环境等因素配置其财务资源，而财务资源以及财务行为又会反过来影响企业的市场竞争能力，最终影响到企业的产品市场业绩。所谓财务柔性决策的竞争效应，是指企业通过储备一定量的财务柔性来保持企业在产品市场上竞争战略的灵活性，通过提升生产能力、定价能力和市场份额等途径来获得企业的产品市场竞争力。纵观国内外财务柔性的竞争效应方面的研究，主要围绕着资本结构与产品市场竞争的关系展开研究，下面分别就剩余负债能力（超额现金持有）与产品市场竞争的关系进行阐述。

（1）资本结构与产品市场竞争关系。

自20世纪80年代以来，资本结构与产品市场竞争关系的讨论，逐渐被学者们所关注。对该问题并没有形成统一的理论分析框架，资本结构与产品市场竞争之间的关系也没有形成共识。基于模型的假设前提不同，得出两种不同的论调。第一种理论是由布朗德和刘易斯（Brander & Lewis，1986）[①] 所提出的，认为在产品市场竞争中，由于债务具有有限责任效应，企业往往会增加负债，使其在产品市场上的表现比起没有负债的竞争对手来说更具攻击性，用来显示自己在产品市场上扩张的产出战略主张，进而迫使竞争对手减少产量，甚至将其从该市场中驱逐。从这个视角来看，企业通过债务融资能获得战略效应。此后这方面的研究在此观点的基础上，突破了原有研究的局限性，提出企业是否选择战略负债还需取决于所在产品市场中的不确定类型。

---

① Brander J A，Lewis T R. Oligopoly and Financial Structure：The Limited Liability Effect［J］. American Economic Review，1986，76（5）：956－970.

第二种理论最早由莱斯特（Tesler，1966）① 提出的“深口袋理论”，当市场的原有者拥有比新进入者更加充沛的资金时，市场的原有者可以利用其充足的资金来对新进入者发动掠夺性战略，耗空新进入者的资金，将其赶出该市场。深口袋理论强调，在完全竞争市场中，高财务杠杆不仅容易让企业错失投资机会，导致其投资能力不足，而且会带来更大的风险，使其更易受到低杠杆企业通过降价等掠夺性战略的攻击。而低杠杆企业可以充分利用其灵活的融资能力采取价格战或者增加产量等方式对竞争者进行掠夺性攻击，使其在竞争中失利，陷入财务危机，甚至将其驱赶出该市场。因此，该理论认为，当企业融资能力受到限制时，剩余负债能力是市场竞争取得优势与否的关键因素，良好的融资能力是企业保持竞争优势的主要源泉。

后续的研究主要围绕这两种理论展开。如坎佩洛和高（Campello & Gao，2003）② 通过实证研究发现，当前的负债水平会影响后续产品市场的竞争力，认为高财务杠杆会降低了企业后续的投资能力而导致投资不足。同时，当企业面临来自竞争对手的掠夺威胁时，企业的理性选择是采取低财务杠杆的财务保守行为来为后续的市场竞争提供财务张力。马克西莫维奇和狄特曼（Maksimovic & Titman，2005）③ 从利益相关者的角度考察财务杠杆与产品市场竞争能力之间的关系，研究发现企业采取高财务杠杆策略最容易导致其在产品市场竞争中陷入财务危机，并引起利益相关者的恐慌和自利行为，从而降低其产品市场竞争力。

国内学者对财务杠杆与企业产品市场竞争力的关系结论尚未一致，国内开创性的研究始于朱武祥等（2002）④ 以燕京啤酒为例的案例研究，他首次从产品市场竞争角度来解释企业的融资偏好行为，提出产品市场竞争程度与企业财务杠杆之间呈负相关的关系，从产品市场竞争角度来解释保守财务行为。之后的研究主要从实证研究的角度进行分析，由于研究视角不同，并没有得出一致

① Tesler L G. Cutthroat Competition and the Long Purse [J]. Journal of Law and Economics, 1966, 9: 259 - 277.

② Campello M, Gao J. Customer concentration and loan contract terms [R]. SSRN Electronic Journal, 2014.

③ Maksimovic V, Titman S. Financial policy and a firm's reputation for product quality [J]. Review of Financial Studies, 1991, 2: 175 - 200.

④ 朱武祥、陈寒梅、吴迅：“产品市场竞争与财务保守行为——以燕京啤酒为例的分析”，《经济研究》，2002 年第 8 期，第 28 ~ 36 页、第 93 页。

的结论，主要有以下几种结论：第一种，资本结构与产品市场竞争程度呈现正相关关系。具有代表性的研究是刘志彪等（2003）① 选取沪深两市中市场竞争程度较高的上市公司的面板数据进行检验，提出企业的资本结构与产品市场竞争能力之间呈正相关关系。第二种，资本结构与产品市场竞争程度呈负相关关系。具有代表性的研究是姜付秀和刘志彪（2005）② 考察宏观经济波动对产品市场竞争力与资本结构之间关系的影响后，认为当预期经济趋向于上升时，前期较好的负债融资能力，会有利于企业在产品市场竞争中具有更加激进的表现。屈耀辉等（2007）③ 考察资本结构如何影响产品市场竞争的动态变化后，发现企业的财务杠杆水平越高，产品市场战略竞争效应越小。第三种，资本结构与产品市场竞争程度呈现非线性关系。赵蒲和孙爱英（2004）④ 考察不同的产品生命周期对资本结构与产品的市场竞争能力的关系的影响后，发现不同的产品生命周期中，资本结构与产品市场竞争能力的关系有所不同，认为财务保守行为与公司竞争战略并没有明显的相关性。李青原等（2007）⑤ 考察资产专用性特征对企业融资决策与产品市场竞争能力的关系的影响效应后，发现财务杠杆与产品市场竞争力之间呈现倒 U 型关系。

（2）现金持有与产品市场竞争关系。

现金持有的竞争效应的研究，发端于资本结构与产品市场竞争力的互动分析。资本结构掠夺理论认为，企业采取低财务杠杆的财务保守行为，能够帮助企业实施更有效的产品市场竞争战略（如掠夺定价等），或者对竞争对手起到可置信的“威慑”作用，从而对资金匮乏的竞争对手的市场份额进行掠夺，以提升企业的产品市场业绩，因此，低财务杠杆决策是具有竞争效应的。按照优序融资理论，企业持有现金被认为是“负债务”，但是资本结构还受到资本市场的影响，企业保持低财务杠杆可能是由于其负债融资能力有限，无法成功地

① 刘志彪、姜付秀、卢二坡：“资本结构与产品市场竞争强度”，《经济研究》，2003 年第 7 期，第 60 ~ 67 页、第 91 页。

② 姜付秀、刘志彪：“行业特征、资本结构与产品市场竞争”，《管理世界》，2005 年第 10 期，第 74 ~ 81 页。

③ 屈耀辉、姜付秀、陈朝晖：“资本结构决策具有战略效应吗?”，《管理世界》，2007 年第 2 期，第 69 ~ 75 页。

④ 赵蒲、孙爱英：“财务保守行为：基于中国上市公司的实证研究”，《管理世界》，2004 年第 11 期，第 109 ~ 118 页、第 156 页。

⑤ 李青原、陈晓、王永海：“产品市场竞争、资产专用性与资本结构——来自中国制造业上市公司的经验证据”，《金融研究》，2007 年第 4 期，第 100 ~ 113 页。

从资本市场上融资，而并非企业的自主选择。从这个角度来看，低财务杠杆并不意味着融资能力强。阿查里雅等（Acharya et al.，2007）① 认为企业持有现金的作用不同于维持低杠杆，它作为一种风险管理工具更能体现出企业自主选择能力，所以通过现金持有来实施竞争效应更具有意义。

国内外大量研究支持了超额现金持有具有竞争效应这一观点。岗巴和特里安蒂斯（2008）② 认为对于融资约束程度较高的企业来说，超额现金持有相比采取低财务杠杆策略来说，更具有竞争效应，现金的流动性特征有助于企业更为迅速且低成本地获取直接的捕食能力，或者直接进行后续投资以挤压竞争对手的利润。贝茨等（2009）③ 通过考察美国企业现金持有行为发现，企业持有现金可以有效抵御市场掠夺性风险并在市场竞争中赢得竞争效应。弗莱萨德（Fresard，2010）④ 通过对企业产品市场份额的增长情况进行考察后，发现企业超额持有现金能够促进其产品市场份额的增长，帮助企业抓住更好的投资机会。

近年来，我国学者从多个角度对现金持有决策的竞争效应进行了深入研究。杨兴全和吴昊旻（2009）⑤ 发现，企业出于保持市场竞争优势和规避经营风险目的持有更多的现金，并且这种效应随着产品市场竞争的激烈程度以及产品独特性程度增加而增加。刘志远等（2013）⑥ 实证检验了企业持有现金对竞争对手所具有的威慑效应，这种效应主要通过抑制企业投资支出来影响企业产品市场业绩，并且多元化的经营方式会使这种现金持有的威慑效应减弱。陆正飞和韩非池（2013）⑦ 认为产业政策和宏观经济政策能够影响现金持有的市场竞争效应和价值效应，且长期宏观经济政策较短期宏观经济刺激计划更有助于

---

① Acharya V，Almeida H，Campello M. Is cash negative debt? A hedging perspective on corporate financial policies［J］. Financial Intermediation. 1997，16，515－554.

② Gamba A，Triantis A. The value of financial flexibility［J］. Finance. 2008，63：2263－2296.

③ Bates T W，Kahle K M，Stulz R. Why do U. S. firms hold so much more cash than they used to?［J］. Journal of Finance，2009，（64）：1985－2021.

④ Fresard L. Financial Strength and Product Market Behaviors：the Real Effects of Corporate Cash Holdings［J］. Journal of Finance，2010，65：1097－1122.

⑤ 杨兴全、吴昊旻："行业特征、产品市场竞争与公司现金持有量——来自中国上市公司的经验证据"，《经济评论》，2009年第1期，第69～76页。

⑥ 刘志远、王勇、靳光辉："现金持有在产品市场竞争中的威慑效应——基于中国制造业上市公司的实证分析"，《系统工程》，2013年第2期，第1～12页。

⑦ 陆正飞、韩非池："宏观经济政策如何影响公司现金持有的经济效应？——基于产品市场和资本市场两重角度的研究"，《管理世界》，2013年第6期，第43～60页。

现金持有发挥竞争效应，并且这种影响效应的发挥主要通过投资途径。王勇等(2013)① 从制度环境、政府干预角度考察现金持有的竞争效应。研究发现政府过度干预异化了企业现金资源用途，增加了企业的成本支出，进而弱化了其现金持有竞争效应。杨兴全等（2014)② 认为企业超额持有现金具有竞争效应，尤其是当竞争对手的融资约束程度较大，并且行业竞争较为激烈的情况下，现金持有的竞争效应更为显著，同时指出，企业实现现金持有的竞争效应的主要渠道是为公司研发提供持续稳定的资金。杨兴全等（2015)③ 考察了公司治理对现金持有的竞争效应的影响。发现企业持有现金通过资本投资作为中介桥梁来获得其产品市场竞争优势，完善的公司治理机制有助于强化这种通过资本投资所实现的现金持有的竞争效应。

通过对相关文献梳理，可以看出国外的研究较深入，已形成了成熟的理论。而国内对这一问题的研究较晚，并由于研究视角的不同，对财务杠杆（现金持有）与产品市场竞争力之间的关系尚未形成一致的看法。但可以肯定的是，二者之间存在着强烈的互动规律，这些为笔者后续的研究奠定了基础。同时，目前的文献主要还是基于超额现金持有或者低财务杠杆的市场竞争效应的研究，而从财务柔性整体的角度来对产品市场竞争效应的研究较为缺乏。

2.1.4 财务柔性决策与企业价值

财务柔性具有预防和利用属性，体现了企业的一种筹资能力以及把握潜在有利投资机会的能力，这些能力最终能够影响到企业价值。国内外学者从财务特征、公司治理、融资环境、宏观经济政策等多方面对财务柔性的价值效应进行了研究。国外方面，法尔肯德和王（Faulkender & Wang，2006)④ 基于企业

---

① 王勇、刘志远、郑海东："政府干预与地方国有企业市场竞争力——基于现金持有竞争效应视角"，《经济与管理研究》，2013 年第 8 期，第 28 ~ 38 页。

② 杨兴全、曾义、吴昊旻："货币政策、信贷歧视与公司现金持有竞争效应"，《财经研究》，2014 年第 2 期，第 133 ~ 144 页。

③ 杨兴全、吴昊旻、曾义："公司治理与现金持有竞争效应——基于资本投资中介效应的实证研究"，《中国工业经济》，2015 年第 1 期，第 121 ~ 133 页。

④ Faulkender M, Wang R. Corporate Financial Policy and the Value of Cash [J]. Journal of Finance, 2006, 61 (4): 1957 - 1990.

的财务特征考察财务柔性的价值效应。研究发现，财务柔性对企业价值边际效应随着财务柔性程度增加而降低，随企业融资约束程度增加而提升。普克维茨等（Pinkowitz et al.，2006）[①] 从投资者保护程度角度考察财务柔性与企业价值的相关性，发现投资者保护程度较差的国家，其财务柔性策略并不能提升企业价值。迪特马尔和马尔特－史密斯（Dittmar & Mahrt－Smith，2007）[②] 从企业治理机制的有效性视角研究了企业财务柔性决策的价值效应，发现公司治理失效会导致现金资源的浪费，从而降低了财务柔性的价值效应。卡尔切娃和林斯（Kalcheva & Lins，2007）[③] 从股东权益的受保护程度及管理者代理问题两个角度考察企业财务柔性的价值效应，发现企业财务柔性的价值效应受到股东权益的受保护程度及代理问题的双重影响，当股东权益受保护程度低，且企业存在代理问题时，财务柔性的价值效应会降低。岗巴和特里安蒂斯（2008）[④] 从企业融资环境、纳税情况、企业的生命周期及资本的可逆性等角度考察财务柔性的价值效应后，发现融资约束企业储备财务柔性有利于提升企业价值，同时具有财务柔性的企业更易于被资本市场高估其价值并产生溢价，这个现象在成长性强的企业中更加明显。国内方面，杨兴全和张照南（2008）[⑤] 从股权性质的企业特征角度考察了财务柔性的市场价值效应，发现股权性质对企业财务柔性决策的价值效应具有重要的影响，国有性质的企业由于其所具有资源优势，反而会弱化企业现金持有的价值效应。陆正飞和韩非池（2013）[⑥] 从宏观经济政策角度考察财务柔性价值效应，发现产业政策和宏观经济政策能够影响以现金为主的财务柔性的价值效应。王满等（2015）[⑦] 从环境不确定性角度来考察财

---

① Pinkowitz L，Stulz R，Williamson R. Does the Contribution of Corporate Cash Holdings and Dividends to Firm Value Depend on Governance? A Cross-country Analysis [J]. Journal of Finance，2006，61（6）：2725－2751.

② Dittmar A，Marhrt－Smith J. Corporate Governance and the Value of Cash Holdings [J]. Journal of Financial Economics，2007，83：599－634.

③ Kalcheva I，Lins K V. International Evidence on Cash Holdings and Expected Managerial Agency Problems [J]. Review of Financial Studies，2007，20（4）：1087－1112.

④ Gamba A. Triantis A. The value of financial flexibility [J]. Finance. 2008，63：2263－2296.

⑤ 杨兴全、张照南："制度背景、股权性质与公司持有现金价值"，《经济研究》，2008年第12期，第111～123页。

⑥ 陆正飞、韩非池："宏观经济政策如何影响公司现金持有的经济效应？——基于产品市场和资本市场两重角度的研究"，《管理世界》，2013年第6期，第43～60页。

⑦ 王满、许诺、于浩洋："环境不确定性、财务柔性与企业价值"，《财经问题研究》，2015年第6期，第130～137页。

务柔性的价值效应，发现财务柔性决策具有价值增值效应，尤其是当非国有企业面临环境不确定性越大时，这种提升作用更加强烈。

对于财务柔性影响企业价值的作用机理方面的研究，财务柔性是一把“双刃剑”，不仅有积极的价值效应，也会产生消极的价值效应。积极的价值效应方面，除了之前讨论过的财务柔性作为企业重要的财务资源，能够有效改善资本结构，使企业获得市场竞争优势以外，大量的研究还着眼于财务柔性通过投融资、股利政策等财务手段的中介作用影响企业价值。特里杰奥吉斯（Trigeorgis，1993）[①] 运用实物期权理论来研究财务柔性的价值相关性，他认为财务柔性可以看作是一项期权，可以被企业用来抵御各种不利因素的影响，并帮助企业抓住有利的投资机遇，从而促进企业价值的提升。比勒和加芬克尔（Billet & Garfinkel，2004）[②] 对美国银行集团的财务柔性和企业价值关系进行考察，发现银行通过低成本的获取外部资本来储备的财务柔性，可以降低外部融资成本，帮助其使用套利手段获益，提升银行市场价值。阿斯兰等（2011）[③] 以亚洲金融危机为研究背景，考察企业储备财务柔性在金融危机中对投资能力与企业经营业绩的影响效应，发现高财务柔性有利于企业更好地抓住投资机会，其经营绩效优于财务柔性低的企业。马春爱（2011）[④] 对财务柔性影响企业投资效率问题进行了研究，认为财务柔性过高的企业易出现过度投资问题，而财务柔性过低会出现投资不足问题，适度的财务柔性有利于抑制非效率投资，进而影响企业价值。王志强和张玮婷（2012）[⑤] 基于半强制的分红政策背景，考察股权再融资行为及再融资后企业的业绩表现，比较了半强制分红价值与财务柔性边际价值，发现财务柔性更具有价值效应，有助于提升企业价值。消极的效应方面，企业过度的保持现金柔性，不仅会使管理者更容易侵占企业利益或者进行过度投资，为其提供寻租空间，产生严重的代理问题，增加企业的代理成

---

① Trigeorgis L. Real Options and Interactions With Financial Flexibility [J]. Financial Management, 1993, 22 (3): 202-224.

② Billett M T, Garfinkel J A. Financial Flexibility and the Cost of External Finance for U. S. Bank Holding Companies [J]. Journal of Money Credit & Banking, 2004, 36 (5): 827-52.

③ Arslan O, Florackis C, Ozkan A. Financial Flexibility, Corporate Investment and Performance: Evidence from East Asian Firms [J]. Working Paper, 2011.

④ 马春爱：“中国上市公司的非效率投资研究：一个财务弹性的视角”，《财贸研究》，2011 年第 2 期，第 144～148 页。

⑤ 王志强、张玮婷：“上市公司财务灵活性、再融资期权与股利迎合策略研究”，《管理世界》，2012 年第 7 期，第 151～163 页。

本。同时过度的流动性还会导致管理者盲目乐观、过度自信，从而做出不利于企业的决策，导致企业价值的毁损。刘和莫尔（Liu & Mauer，2011）[①] 发现，上市公司过多的财务柔性会使得经理人过度自信，引发其财务决策上的冒险行为，反而会降低公司财务柔性的价值效应。过低的财务杠杆策略同样会对企业产生不利影响，负债所产生的利息可以抵扣所得税，有利于降低资本成本。同时债权人对企业有相机治理作用，能够对管理者加以监督和约束，降低代理问题，而低财务杠杆难以发挥这些优势，对企业价值具有负面的作用。唐松等(2009)[②] 认为我国上市公司的银行贷款能够发挥债务治理作用，这种作用受到公司所在地区的金融发展水平影响。

综上所述，随着经济环境日益复杂，财务柔性决策的价值效应变得越来越重要。现有研究从财务特征、公司治理、融资环境、宏观经济政策等多方面对财务柔性的价值效应进行了研究。财务柔性决策对企业价值的影响途径不仅包括有效的改善资本结构，预防企业面临的潜在风险，降低因不确定风险环境而发生的成本，提高企业市场竞争力的直接效应，而且还包括财务柔性通过对投融资决策的中介作用来影响企业价值的间接效应。虽然目前的研究已取得一定的成果，但仍存在局限性：第一，有关财务柔性与企业价值的研究文献数量较多，但大部分的研究都是围绕超额现金持有和低财务杠杆两条线索展开，仅仅体现出财务柔性的单一侧面，缺乏从系统性和整体性视角来研究财务柔性的价值效应。第二，已有研究更偏向于强调财务柔性决策的积极效应，而弱化了企业过度保持财务柔性所带来的负面效应。事实上，适度地保持财务柔性有助于企业预防潜在风险并把握有利的投资机会，但过度的财务柔性会增加企业的机会成本，带来代理问题等，如何设置企业适度柔性的区间效应，目前这方面的研究较为欠缺。第三，现有文献多是从微观角度财务特征、公司治理等，或者宏观角度资本市场环境、宏观经济环境等来考察财务柔性决策的价值效应，鲜有文献从中观角度、商业企业间关系角度去考察财务柔性的价值效应。

---

① Liu Y, Mauer D C. Corporate cash holdings and CEO compensation incentives [J]. Journal of Financial Economics, 2011, 102 (1): 183 - 198.

② 唐松、杨勇、孙铮：“金融发展、债务治理与公司价值——来自中国上市公司的经验证据”，《财经研究》，2009年第6期，第4~16页、第96页。

2.2 关系型交易相关文献综述

我国作为转型经济体国家具有浓厚的关系本位特征，企业间的关系型交易已然成为企业间主要契约模式。关系型交易对企业经营发展、财务决策以及公司价值都有着重要的影响。近年来，该概念逐渐受到财务会计学者和实务界的关注，并逐渐拓展公司财务与会计理论的研究。

2.2.1 关系型交易的概念及度量

（1）关系型交易概念。

从关系型交易的产生机制来看，当市场环境发达时，市场对公司的行为和声誉会做出更为激烈的回应，市场机制可以有效地约束公司之间的机会主义行为，有利于降低交易成本（Claessens 等，2003）①，公司也更容易寻找新的交易伙伴，转换成本降低，此时企业往往会选择市场化交易。而当市场发育越不成熟，信息非对称程度越高，市场信息壁垒就越严重，各种交易主体对所获取的交易渠道的依赖性越高。公司面临的外部市场不发达之际，供应商之间、客户之间并非完全竞争，公司获取资本、劳动力等生产要素的成本以及公司之间的交易成本均较高（Khanna 和 Palepu，1997）②。市场信息非对称的壁垒阻碍了公司与供应商、客户之间进行市场交易，提高了公司在市场上寻找新的交易伙伴的难度，所以公司与供应商、客户之间进行专用性投资、建立关系型契约的动机增强。国内外学者研究支持这一观点，克莱因等（1978）③ 认为外部市场的不完善会增加企业执行和监督合同的成本，并且企业也难以有效遏制签约后的机会主义行为，从而导致包含在资产中的“可挤占租金”的增大，增加了

① Claessens S，Djankov S，Klapper L. Resolution of corporate distress in East Asia ［J］. Journal of Empirical Finance，2003，10（1－2）：199－216.

② Khanna T，Palepu K. Why Focused Strategies May Be Wrong for Emerging Markets ［J］. Harvard Business Review，1997，75（4）：41－51.

③ Klein B，Crawford R A，Alchianl A A. Vertical integration，appropriable rents and the contracting process ［J］. Journal of Law and Economics，1978，（21）：297－326.

资产专用性程度。约翰森等（2000）[①] 基于转轨经济国家的企业间的关系契约行为进行了研究，发现转型经济国家由于法律保护程度相对较差，企业更倾向于建立在“关系”基础上进行交易。关系型契约成为企业的主要选择，甚至已成为企业核心的战略资源和竞争优势的源泉。鲍尔等（2000）[②] 从国家法律的视角进行研究，发现大陆法系国家的企业，相对于海洋法系的国家的企业来说，更为依赖通过“关系”进行交易。克莱森斯等（2003）通过研究发现，企业在受法律保护的程度较低，且所在的市场不能有效反映其信誉的情况下，更倾向于建立“关系型契约”来实现交易。夏立军和陈信元（2007）[③] 通过对我国企业关系型契约进行研究后，发现企业之所以会选择关系型交易，是由于外部市场的不完善导致高昂的机会主义成本，阻碍了企业正常的市场交易。而企业通过私人信任体系所构建的关系网络进行交易，降低了交易成本，提高了交易质量，自然成为了企业的选择。李琳等（2009）[④] 提出市场化程度越高、法律环境越好，供应商客户之间的交易成本越低，二者越倾向于市场交易，反之，越倾向于关系型交易。

威廉姆森（1979）[⑤] 提出三种市场交易的类型：第一类是离散型交易，这种交易大多可以通过市场力量控制，交易双方建立完善的合同，交易人的身份与交易相对无关，交易的不良后果也是可预测的。第二类是新古典主义合同交易，当交易双方开始了长期交易后，专用性投资已经投入，交易方会有强烈的动机以完成合同。第三类是关系型交易，该类交易建立在由定向专门化交易所延伸的长期契约关系的基础上，交易主体之间具有以实物资产或人力资本投资的关系专用型投资。关系型交易会使得交易双方产生互相依赖关系，导致一旦供应商或者客户失势，即会造成供应链中断，给交易双方都带来较大的损失。同时，关系型交易易引发较大的机会主义行为，而法律等刚性机制在化解冲突

---

① Johnson S, Kauf mann D, Mcmillan J, et al. Why do firms hide? Bribes and unofficial activity after communism [J]. Journal of Public Economics, 2000, 76 (3): 495 - 520.

② Ball R, Kothari S, Robin A. The effect of international institutional factors on properties of accounting earnings [J]. Journal of Accounting and Economics, 2000, 29 (2): 1 - 51.

③ 夏立军、陈信元：“市场化进程、国企改革策略与公司治理结构的内生决定”，《经济研究》，2007年第7期，第82~95页、第136页。

④ 李琳、刘凤委、卢文彬：“基于公司业绩波动性的股权制衡治理效应研究”，《管理世界》，2009年第5期，第145~151页。

⑤ Williamson O E. Transaction - Cost Economics: The Governance Of Contractual Relations [J]. Journal of Law & Economics, 1979, 22 (2): 233 - 262.

时成本很高，使得交易双方在关系契约执行过程中，更多地依赖市场而不是法律实施机制。之后很多学者沿用了此概念，如孔（Kong，2011）[①] 认为，关系型交易是商业关系网络中的交易双方由于长期合作建立相互信任关系，从而形成了隐性关系契约，并通过私下途径进行信息交流与传递。林钟高等（2014）[②] 认为，关系型交易是建立于关系网络上的一种交易治理机制，关系网络中的企业通过彼此间的关系专用性投资，降低机会主义行为，形成相互信任和依赖的合作关系。赵秀云和鲍群（2015）[③] 认为关系型交易是指企业与具有战略合作关系的客户通过贸易往来而形成的商业关系交易，是基于企业关系间信任而建立的非正式外部治理机制。

（2）关系型交易度量。

有关关系型交易的度量，目前一直困扰着学术界。由于中外会计准则至今未要求上市公司披露完整的供应链状况，很难取得较为精确的数据对其进行测度。学者们尝试过多种不同的度量方法，并不断地加以发展与完善。目前常用的方法主要有以下几种：一是通过问卷调查的方法，学者大多通过问卷调查并用量表打分的方法来度量供应链关系，但在调查指标的选取、如何确定各指标的权重等方面存在较大分歧。二是基于财务报表披露的信息以及在此基础上衍生出来的指标。国外文献中有以上市公司是否存在关键客户作为确定供应链关系型交易的定性标志，但这种方法缺乏定量数据。近年来，国内外文献常用“前五大供应商购货成本占总购货成本比值”与“前五大客户销售收入占总销售收入比值”来量化供应商客户关系（Banerjee 等，2008[④]；张敏等，2012[⑤]），这是目前的信息披露条件下所反映的与“供应链关系型交易”相关度最高的信息。它不仅表达企业关键供应商/客户对公司的重要程度，而且还反映出企业对关键供应商/客户的依赖程度。当这个指标的数值越大，越能说明企业对关

---

① Kong X. Why are social network transactions important? Evidence based on the concentration of key suppliers and customers in China［J］. China Journal of Accounting Research，2011，4（3）：121－133.

② 林钟高、郑军、彭琳：“关系型交易、盈余管理与盈余反应——基于主要供应商和客户视角的经验证据”，《审计与经济研究》，2014 年第 2 期，第 47～57 页。

③ 赵秀云、鲍群：“制度环境、关系交易与现金持有决策”，《审计与经济研究》，2015 年第 3 期，第 21～29 页。

④ Banerjee S，Dasgupta S，Kim Y. Buyer－supplier relationships and the stakeholder theory of capital structure［J］. Journal of Finance，2008，58：2507－2552.

⑤ 张敏、马黎珺、张胜：“供应商－客户关系与审计师选择”，《会计研究》，2012 年第 12 期，第 81～86 页、第 95 页。

键供应商/客户的依赖程度越高。有学者在这种方式的基础上进一步衍生出新的指标，如有学者参考了行业集中度的方法，构建了“前五大供应商购货成本占比的赫芬达尔指数”以及“前五大销售商销售占比的赫芬达尔指数”来衡量供应链上下游关系程度。此外，在供应链关系型交易的测量中，有学者除了考虑业务的规模对其影响之外，还考虑到了关系型交易的稳定性因素，如陈正林（2014）① 用上市公司连续三年的前五大供、销比例的均值与方差之比来构建供应链集成关系。三是通过产业组织学的投入产出表数据量化行业层面的供应链关系交易。如窦等（Dou et al.，2013）② 基于美国的投入产出表数据构造关于不同行业的供应商客户关系的衡量指标，以核算供应商和客户的相对依赖性。李青原（2011）③ 也曾沿用过该方法来描述供应链网络关系。

2.2.2 关系型交易对企业的作用机制

根据资源依赖理论，交易主体间的资源相互依存、共生互动以及外部环境的支持是企业发展的必备条件。供应商与客户的关系的特点决定了关系相互依赖的类型，包括相互依赖和依赖不对称。

（1）关系资本。

在供应链关系型交易中，企业对关键客户依赖程度会存在一个阈值，在阈值以内，随着企业对关键客户依赖程度的提升，公司与关键客户间的关系密切程度逐步上升，企业与关键客户之间相互依赖，并能够对客户实施有效控制。大量研究表明，这种关系型交易作为企业的一种关系资本，可以为企业获得稳定的市场份额、能够分享更多有价值私有信息、企业借助重要客户的信用获得更多的信贷，甚至还可以通过与重要客户联合投资或获得关系专用性投资降低经营成本、促进技术创新等，对企业的经营发展具有积极的作用。卡瓦尼和纳拉扬达斯（Kalwani & Narayandas，1995）④ 提出供应商可以从其关键客户和潜

---

① 陈正林：“论供应链的治理机制及其完善对策”，《湖北社会科学》，2014 年第 11 期，第 85 ~ 88 页。

② Dou Y W，Hope O K，Thomas W. Relationship-specificity，contract enforceability，and income smoothing：a international study [J]. The Accounting Review，2013，88（5）：1629 - 1656.

③ 李青原：“资产专用性与公司纵向并购财富效应：来自我国上市公司的经验证据”，《南开管理评论》，2011 年第 6 期，第 116 ~ 127 页。

④ Kalwani M，Narayandas N. Long-term manufacturer-supplier relationships：do they pay off for supplier firms? [J]. Mark，1995，（59）：1 - 16.

在的联合投资企业那里获得有价值的信息，帮助其更好的进行日常管理。肯尼和维姆普（Kinney & Wempe，2002）[①] 认为关键客户关系有利于供应链的信息共享，有利于供应商公司流水线生产并加强人力资本管理。约翰森等（2010）[②] 发现，由于关键客户未来的销售承诺以及稳定的合作关系，企业更易于得到资本市场的信赖，能获得更高的 IPO 估值以及可持续发展能力。帕图谱卡斯（Patatoukas，2012）[③] 认为具有关系型交易的企业对少量关键客户进行销售可以节约交易成本，更多的重复性销售能够提高经营效率，从而为企业带来更多的收益。我国学者基于新兴市场的转轨经济的背景进行研究，也有类似的发现。陈运森和王玉涛（2010）[④] 提出交易双方通过关系型交易合作而建立的相互信任机制，有利于增加交易双方信息沟通和交流，减少信息不对称的不利影响，节省交易成本。吴应宇和丁胜红（2011）[⑤] 认为企业与供应商、客户间的关联交易相对于独立交易来说，能够减少信息成本、监督成本以及管理成本，从而节约交易费用，使企业获得持续的经济价值。

（2）议价能力。

但随着企业对关键客户依赖程度的上升继而超过阈值，企业对关键客户的依赖程度呈现出不对称状态。这种供求双方依赖程度不对称所引发的问题越来越引起学者们所重视，继而衍生出两个重要的话题，议价能力和关系风险问题。

议价能力方面，在 20 世纪 50 年代谢林（Schelling）首次提出“议价能力”的概念，将其定义为谈判双方通过不同的谈判策略与对方达成协议或者影响谈判结果的能力。至 80 年代，波特（Porter）首次提出五力模型，将议价能力作为影响公司竞争力的重要因素，并提出企业的议价能力对其业绩以及战略具有积极的作用。在此基础上，学者们开始关注到供应链上下游企业的议价能

① Kinney M R，Wempe W F. Further evidence on the extent and origins of JIT's profitability effects [J]. The Accounting Review，2002，77（1）：203－225.

② Johnson W C，Kang J K.，Yi S. The certification role of large customers in the new issues market [J]. Financial. Management，2010，39：1425－1474.

③ Patatoukas P N. Customer－Base Concentration：Implications for Firm Performance and Capital Markets [J]. Accounting Review，2011，87（2）：363－392.

④ 陈运森、王玉涛：“审计质量、交易成本与商业信用模式”，《审计研究》，2010 年第 6 期，第 77～85 页。

⑤ 吴应宇、丁胜红：“企业关系资本：价值引擎及其价值管理研究——基于利益相关者理论视角”，《东南大学学报（哲学社会科学版）》，2011 年第 5 期，第 43～51 页、第 127 页。

力在企业交易的博弈过程中所起到的关键作用。随着供应商与客户间的依赖程度不对称程度加深，企业与交易对方间的力量对比会发生变化。当依赖程度高于阈值，供应商或者客户的议价能力会超过企业，从而导致他们对企业拥有绝对的控制力（Dowlatshahi 和 Contreras，1999）①。此时，具有议价优势的对方会通过这种控制力对企业进行要挟，逼迫企业提供更多的私有信息。而企业在博弈过程中，由于谈判势力较弱，且又不愿意失去大客户，只能被动地向对方提供过多的私有信息，从而被对方劫取更多的私有收益。学者从多个角度来研究企业间议价能力的影响效应。从对企业业绩影响方面，苏塔里（Suutari，2000）②发现，供应商议价能力会影响到企业获取原材料的成本，客户议价能力会影响到产品的市场售价，这直接导致企业整体的业绩受到交易方议价能力的影响。埃斯特（Esther，2004）③发现企业通过兼并收购等方式整合行业资源并取得垄断地位，有利于提高其议价能力，进而提升盈利水平。我国学者艾兴政和唐小我（2007）④也发现，企业与零售商议价能力的差距会影响到竞争渠道结构的选择。唐跃军（2009）⑤分别对供应商和客户的议价能力与业绩关系进行分析后，发现供应商的集中度和议价能力与公司业绩呈倒U形关系，客户的集中度和议价能力与公司业绩呈显著负相关关系。除了业绩影响以外，企业的商业信用政策也受到议价能力的影响。库纳特（Cunat，2007）⑥发现当企业处于弱势的谈判势力时，企业往往被迫向关键客户提供较多的商业信用，以免失去这些关键客户。我国学者郑军等（2013）⑦也得到类似的结论，从企业的相对谈判能力视角拓展和深化了商业信用的竞争假说，认为客户关系越集中，供应商企业会由于议价能力较弱而提供更多的商业信用。

---

① Dowlatshahi S, Contreras N. Role of designer-buyer-supplier in the maquiladora industry [J]. International Journal of Production Research, 1999, 37 (9): 1963 - 1986.

② Suutari R. Understanding Industry Structure [J]. CMA Management, 2000, 73 (10): 34 - 38.

③ Gal - Or Esther. Evaluating the Profitability of Product Bundling in the Context of Negotiations [J]. Journal of Business, 2004, 77 (4): 639 - 674.

④ 艾兴政、唐小我："基于讨价还价能力的竞争供应链渠道结构绩效研究"，《管理工程学报》，2007年第2期，第123~125页、第133页。

⑤ 唐跃军："供应商、经销商议价能力与公司业绩——来自2005~2007年中国制造业上市公司的经验证据"，《中国工业经济》，2009年第10期，第67~76页。

⑥ Cunat V. Trade Credit: Suppliers as Debt collectors and Insurance Providers [J], Review of Financial Studies, 2007, 20: 491 - 527.

⑦ 郑军、林钟高、彭琳："地区市场化进程、相对谈判能力与商业信用——来自中国制造业上市公司的经验证据"，《财经论丛》，2013年第5期，第81~87页。

（3）关系风险。

关系风险是交易双方依赖程度不对称所衍生出的另一重要问题。关系型交易中，企业对关键客户过度依赖会引发企业目前及未来的潜在风险。美国 SEC 要求美国的上市公司必须披露“销售额占公司收入 10% 以上的客户信息以及对公司经营具有重要影响的客户信息”。中国证监会 2005 年修订的《公开发行证券的公司信息披露内容与格式准则第 2 号——年度报告的内容与格式》提出企业财务报告要披露“前五大客户集中度”的指标来提示显著的客户集中度风险。已有研究发现，企业过分依赖关键客户会引发多种潜在风险：第一，市场风险。企业过分依赖关键客户的销售，一旦关键客户转向其他供应商或者决定企业内部生产产品，不仅会失去现有的销售份额，这还会被作为一种“产品不好”的信号传递给其他顾客，促使他们更换供应商。尤其是当供应商市场竞争力较低时，市场上同质产品较多，客户的转换成本较低时（Hui 等，2012）①，再或者供应商经营产品较为单一，面临被行业竞争者的掠夺风险较大时（Hann 等，2013）②，这种后果会更加严重。第二，现金流风险。关键客户中断交易或寻找新的合作伙伴导致客户资源流失，或者关键客户自身遇到财务困境或者破产清算，这都将给供应商企业造成未来销售的损失以及较为严重的现金流风险，不仅如此，企业还会由于之前提供大量的商业信用无法收回导致严重的呆账坏账损失（Itzkowitz，2013）③，进一步加大现金流损失风险。第三，利益被侵占风险。随着关键客户集中度增加，公司与其关键客户间的谈判势力发生变化。当关键客户的议价能力超过公司时，会强迫企业提供更多的私有信息，从而导致企业的经济利益被关键客户进行“侵占”，如被要求提高效率，降低价格，被迫提供更多的商业信用，提供额外的库存等，这些都会降低企业的边际效益。第四，资本市场风险。关键客户依赖问题被视作一种潜在的风险，能够被资本市场所发现，并影响企业在资本市场的表现。赫兹（Hertzel et al.，2008）④

① Hui K W，Klasa S，Yeung P E. Corporate suppliers and customers and accounting conservatism［J］. Journal of Accounting and Economics，2012，53（1-2）：115-135.

② Hann R N，Ogneva M，Ozbas O. Corporate diversification and the cost of capital［J］. Journal of Finance，2013，68：1961-1999.

③ Itzkowitz J. Customers and cash：How relationships affect suppliers' cash holdings［J］. Journal of Corporate Finance，2012，19（1）：159-180.

④ Hertzel M，Li Z，Officer M，Rodgers K. Inter-firm linkages and the wealth effects of financial distress along the supply chain［J］. SSRN Electronic Publishing，2008，87：374-387.

发现当关键客户宣告破产时，这种负面效应会引发供应商的负面价格反应。米霍夫和纳兰霍（Mihov & Naranjo，2014）[①] 发现关键客户集中会比关键客户分散的企业增加 11% ~15% 的企业异质性风险，达利沃尔等（Dhaliwal et al.，2014）[②] 发现面临更高水平客户集中度的公司具有更大的现金流风险，并且客户集中风险会增加供应商的股权成本。坎佩洛和高（2014）[③] 发现对关系型交易较为依赖的企业会受到银行等金融机构更为苛刻的债务契约，更短的贷款期限和更高的贷款利息。此外，关键客户依赖会导致更高的股票崩盘风险，一旦客户财务状况恶化会加剧企业的财务风险，审计师对于依赖关键客户的企业更加倾向于出具持续经营的审计意见（Dhaliwal 等，2013）[④]。

（4）关系专用性投资。

关系型交易中的一个重要特点来自于企业间的关系专用性投资，所谓“关系专用性投资”是指企业基于与特定交易伙伴保持长期贸易关系的目的出发，对交易伙伴进行的具有专用性特征的资产投资。关系专用性投资的存在是建立于正式契约基础上的一种信任机制（刘仁军，2006）[⑤]，也是一种因信任而发展起来的非正式外部治理机制。企业间的关系专用性投资有助于企业构建信任体系、降低交易成本、形成和扩展承诺机制、创造高水平关系租金、实现价值创造，并且贸易双方合作关系越久，企业获取的溢价就越多（林钟高等，2015）[⑥]。作为一种关系型契约，关系投资的实施往往是以双边长期合作形成的关系为基础的。这一方面可以促成双边的合作，表现为企业与主要供应商/客户商业贸易往来关系更加稳定。但另一方面也会形成双边的垄断，表现为交易双方的相互依赖程度不断增强，投资的资产具有较高的专用性程度，更容易形成交易双方锁定，使交易伙伴都无法轻易退出交易。而这会引发具有机会主

① Mihov A，Naranjo A. Customer-base Concentration and the Transmission of Idiosyncratic Volatility along the Vertical Chain [J]. SSRN Working Paper，2014.

② Dhaliwal D，Judd J S，Serfling M，Shaikh S. Customer concentration risk and the cost of equity capital [R]. SSRN Electronic Publishing，2014.

③ Campello M，Gao J. Customer concentration and loan contract terms [R]. SSRN Electronic Journal，2014.

④ Dhaliwal D，Michas P. N.，Naiker V.，Sharma D. Major customer reliance and auditor going-concern decisions [R]. SSRN Electronic Publishing，2013.

⑤ 刘仁军：“关系契约与企业网络转型”，《中国工业经济》，2006 年第 6 期，第 91 ~98 页。

⑥ 林钟高、郑军、彭琳、徐德信：“关系型交易、制度环境与外部审计需求——基于中国制造业上市公司的经验证据”，《当代财经》，2015 年第 4 期，第 107 ~118 页。

义倾向的交易方更多地讨价还价以谋求更多的私利，同时由于交易双方信息不对称，交易伙伴很难及时、准确地获得对方的私有信息，更加难以预测交易何时终止，由此给交易伙伴带来较高的损失（Hui 等，2012）①。为了增强投资方对未来长期合作的信心，降低其对企业履约动机及履约能力的机会主义风险的担心，当企业与投资方之间建立关系契约时，企业往往会通过多种财务决策安排来提供“可置信承诺”，这是缔结并稳定契约关系之关键所在。

2.2.3 关系型交易对财务决策的影响

对于关系型交易影响财务决策的研究，虽然企业间通过供应链上下游关系所建立的商业关系网络作为企业的关系资本得到大家的认可，但越来越多的财务学者更加关注交易双方权力失衡所引发的问题。根据资源依赖理论，供应商在应对权力失衡时通常会采取适应战略。适应战略是采取最大限度地减少关系交易所带来的财务风险和交易风险的方式，来适应供应商的经营模式，以抵消这种风险。大量研究发现，当企业与关键客户之间关系型交易较为集中，企业的“大客户依赖”的现象较为突出时，企业会选择更为保守的财务政策以实施适应战略。巴苏（Basu，1997）② 发现较高的客户集中度会给企业带来较大的异质性风险，因此企业更倾向于采取保守的财务政策以应对风险。而沃茨（Watts，2003）③ 研究发现，当企业的供应商/客户具有较高的议价能力时，企业会被要求保持更加稳健的财务状况，而企业通过采取保守财务政策作为承诺，能够促使其与对方构建更有效率的合同。

在保守会计财务决策的研究中，国内外学者研究发现，关系型交易对会计稳健性、会计政策选择、信息披露、审计协议、融资策略等多个方面都具有重要的影响。会计稳健性方面，惠等（Hui et al.，2012）研究了交易双方议价能力对会计稳健性的影响效应，发现当供应商/客户具有谈判优势时，企业会倾向于保持会计稳健性以显示业绩良好来作为对契约方的承诺。王雄元和

① Hui K W，Klasa S，Yeung P E. Corporate suppliers and customers and accounting conservatism［J］. Journal of Accounting and Economics，2012，53（1－2）：115－135.

② Basu S. The conservatism principle and the asymmetric timeliness of earnings［J］. Journal of Accounting and Economics，1997，24：3－38.

③ Watts R L. Conservatism in Accounting Part：Evidence and Research Opportunities［J］. Accounting horizons，2003，17（4）：287－301.

刘芳（2014）[①]从交易双方的议价能力角度来考察对会计稳健性的影响，研究发现客户强势的议价能力会促使供应商提高会计稳健程度，且企业间关系专用性投资越多或者产品的独特性越强时，这种效应会越强。而客户的市场竞争环境越激烈时，这种效应会被弱化。会计政策选择方面，鲍恩（Bowen et al.，1995）[②]发现，由于企业与供应商/客户间的关系契约的存在，管理层会选择能够提升企业长期业绩的稳健型的会计政策，如先进先出法以及直线计提折旧的方法；格雷厄姆（Graham et al.，2005）[③]考察供应商客户关系对盈余管理政策的影响后，发现当企业受到来自于供应商/客户的压力时，企业会倾向于采取盈余管理的方式来迎合这些非财务利益相关者的心理预期，以求改善与供应商/客户之间的交易关系和商业条款。罗曼和莎拉（Raman & Shahrur，2008）[④]持有类似的结论，认为企业为了达到"可置信的承诺"对会计信息质量提出的更高要求，会通过应计盈余管理的手段来粉饰企业的盈余信息，以实现对交易伙伴的虚假承诺。但这种盈余管理手段具有一定的风险性，一旦这种手段被交易伙伴识别，双方的关系型契约会就此破坏。窦等（2013）[⑤]认为公司通过平滑盈余向供应商/客户提供信息，能够减少契约方对不完全契约的潜在违约风险的担心，以增加这种有价值的关系专用性投资。林钟高等（2014）[⑥]对我国上市公司关系型交易进行考察后，发现企业间的关系专用性投资会影响企业盈余管理程度，尤其在制度环境落后的地区，企业为了维护关系专用性资产的价值，更偏向于通过平滑盈余来粉饰业绩，以向投资者传递有用的私有信息。信息披露方面，陈等（Chen et·al.，2008）[⑦]从会计信息质量角度进行研究后，

---

① 王雄元、刘芳："客户议价能力与供应商会计稳健性"，《中国会计评论》，2014年第Z1期，第389~404页。

② Bowen R，DuCharme L，Shores D. Shareholders' implicit claims and accounting method choice [J]. Journal of Accounting and Economics，1995，20：255－295.

③ Graham J R. How Big are the Tax Benefits of Debt? [J]. Journal of Finance，2000，55（5）：1901－1941.

④ Raman K，Shahrur，H. Relationship-specific investments and earnings management：Evidence on corporate suppliers and customers [J]. The Accounting Review，2008，83：1041－1081.

⑤ Dou Y W，Hope O K，Thomas W. Relationship-specificity，contract enforceability，and income smoothing：a international study [J]. The Accounting Review，2013，88（5）：1629－1656.

⑥ 林钟高、郑军、彭琳："关系型交易、盈余管理与盈余反应——基于主要供应商和客户视角的经验证据"，《审计与经济研究》，2014年第2期，第47~57页。

⑦ Chen，Charles J. P，Li Z，Su X，et al. Relationship－Specific Investment and Accounting Conservatism：Effect of Customers and Suppliers [J]. Social Science Electronic Publishing，2008.

发现企业为了吸引更多的关系专用性投资，会自愿采用更加严格、保守的会计政策，提供更为稳健的会计信息，以满足投资方对企业较高的会计信息质量的要求。曹等（Cao et al.，2013）① 从盈利预测的角度考察关键客户关系对企业自愿性信息披露的影响。发现关键客户较为集中的公司更愿意进行盈利预测，尤其是当关系专用性投资较为重要时，这种效应更加明显。岑等（Cen et al.，2014）② 从或有诉讼损失信息披露的角度考察供应商客户关系对会计信息披露的影响效应。研究发现，或有诉讼损失信息会引起关键客户对供应链风险的担心，进而会影响其合作关系的持续性。因此，客户关系较为重要的企业会战略性披露或有诉讼损失信息，以减少客户对合作风险的担心。审计协议方面，梅耶斯和梅吉拉夫（Myers & Majluf，2003）③ 认为企业间的关系专门化投资有利于延长审计任期，提升审计质量。但他进一步发现除了声誉所发挥的承诺性动机外，随着审计师任期的延长，审计师对特定客户的专门知识和风险更加了解，这有助于其提升专业能力，减少对管理者的依赖，更有助于提高审计质量，延长审计任期。王少飞等（2010）④ 从我国上市公司选聘会计师事务所的角度讨论上市公司关系型投资的影响效应发现，随着关系型投资的增加，企业会更倾向于选择本地事务所，且审计任期会更长。张敏等（2012）⑤ 从审计师选择角度讨论供应商客户关系的影响效应，研究表明公司会通过聘用高质量的审计师向供应商/客户发送自身财务状况良好的信号。融资策略方面，学者们通过关系型交易对企业资本结构的影响效应的研究，得到了截然相反的观点。一种观点是从关系专用型投资的视角出发，企业为了吸引供应商/客户投资关系专用性资产，打消其对于合作风险的担心，会保持较低的财务杠杆作为承诺，以显示自身财务状况良好。该观点最早由狄特曼（1984）⑥ 提出，他认为

① Cao C，Simin T，Zhao J. Can growth options explain the trend in idiosyncratic risk? [J]. Review of Financial Studies，2008，21（6）：2599－2633.

② Cen L，Dasgupta S，Sen R. Discipline or Disruption? Stakeholder Relationships and the Effect of Takeover Threat [J]. SSRN Electronic Journal. 2010.

③ Myers S C，Majluf N S. Corporate financing and investment decisions when firms have information that investors do not have [J]. Journal of Financial Economics，1983，13（2）：187－221.

④ 王少飞、周国良、何小杨、于旭辉："关系型投资与审计行为"，《财经研究》，2010 年第 5 期，第 16～26 页。

⑤ 张敏、马黎珺、张胜："供应商－客户关系与审计师选择"，《会计研究》，2012 年第 12 期，第 81～86 页、第 95 页。

⑥ Titman S. The effect of capital structure on a firm's liquidation decision ☆ [J]. Journal of Financial Economics，1984，13（1）：137－151.

客户由于提供了关系专用性资产而承担较大的风险，一旦企业破产清算，其专用性投资会由于高昂的转换成本而毁损价值，甚至失去价值。企业会选择保持低的财务杠杆作为对客户的“可置信的承诺”以显示其财务状况稳健，从而打消客户对风险的担心。班纳吉等（Banerjee et al.，2007）① 也有类似的发现，认为企业会保持较稳健的资本结构，以向对方承诺自己的财务状况处于健康状态，从而维护彼此间的密切关系。徐虹等（2014）② 从关系契约与规则契约的视角研究财务杠杆水平，发现企业财务杠杆水平受到关系投资与内部控制的交互作用的影响，客户的关系投资与企业的内部控制在影响财务杠杆决策时存在替代效应。另一种观点基于谈判势力的视角，认为企业提高财务杠杆有利于增强企业与客户博弈中的谈判优势。莎拉（Shahrur，2005）③ 认为，由于客户公司会通过提高财务杠杆来增强谈判势力，供应商也会随即提高财务杠杆加以应对，尤其当客户公司有更高的事前议价能力时，这种效应会更显著。卡莱和莎拉（Kale & Shahrur，2007）④ 发现，当公司的客户拥有较高谈判能力时，公司会提高财务杠杆以提升自身谈判力；并且公司财务杠杆会随着客户行业集中度的提高而提高，如果公司市场份额比较高，这种关系会适当减弱。

2.2.4　文献述评

通过以上对国内外学者对供应链关系型交易概念、作用机制以及对财务决策的影响效应等文献的回顾，本研究发现：第一，目前对财务柔性决策的影响因素的研究仍不全面，视角主要围绕宏观经济环境、行业特征、公司治理、企业特征等方面展开，而从供应链上下游间的关系型交易的视角对企业财务柔性决策进行系统性的研究较为欠缺，从而忽视了商业关系网络这种企业间的非正式机制对企业财务决策影响的重要问题。第二，已有文献更多的是立足西方国

① Banerjee S，Dasgupta S，Kim Y. Buyer-supplier relationships and the stakeholder theory of capital structure［J］. Journal of Finance，2008，58：2507－2552.

② 徐虹、李亭、林钟高：“关系投资、内部控制与企业财务杠杆水平——基于关系契约与规则契约理论的经验证据”，《中南财经政法大学学报》，2014年第3期，第106～114页、第159页。

③ Shahrur H. Industry structure and horizontal takeovers：Analysis of wealth effects on rivals，suppliers，and corporate customers［J］. Journal of Financial Economics，2005，76（1）：61－98.

④ Kale J R，Shahrur H. Corporate capital structure and the characteristics of suppliers and customers［J］. Journal of Financial Economics，2007，83（2）：321－365.

家经济社会背景，而较少考虑到转型经济社会的实际情况，且西方的研究结论也不能完全适用于转型经济体。尤其针对中国这种注重“关系”文化的社会背景以及“转型+转轨”的经济背景下，探究关系型交易对企业的影响效应问题，对更好地理解中国社会和中国经济更具有意义。第三，在基于供应链关系型交易而实施的财务策略的讨论中，主要侧重于讨论企业对客户关系资本的重视下，如何通过财务决策的安排来实施对关键客户的“可置信的承诺”，以建立关键客户的信任，而忽视了对于客户关系风险的研究和关注。事实上，近年来“大客户依赖”现象频发，其背后所隐含的风险越来越被人们所关注，而目前关于企业如何通过财务决策安排来应对大客户关系风险的研究较为稀缺，从而忽略了财务决策在协调关系型交易中所发挥的风险管理功能。第四，已有文献仅研究到保守的财务策略在关系型交易中所发挥的能动性作用，但对这种财务策略给企业带来的经济后果的研究较为匮乏，这忽略了对财务柔性行为背后的本质特征的探究。基于此，本书探讨财务柔性决策在关系型交易中所发挥的能动性作用以及可能产生的经济后果，并结合中国特有的制度背景和治理环境展开系列研究，使本研究在具有理论意义的同时更凸显现实价值。

第 3 章

供应链关系的理论基础

目前国内外学者们分别用多个理论来解释供应链上下游关系的本质，其中具有代表性的有交易成本理论、资源基础理论、资源依赖理论、委托代理理论和关系契约理论等，这些理论为进一步的解释供应链关系提供了坚实的理论基础。

3.1 交易成本理论

交易成本理论始于科斯 1937 年所发表的《企业的性质》一文，认为市场运行中存在交易成本，是较早解释联盟的理论。该理论主要关注企业在组织其跨边界活动时，如何将生产费用和交易费用最小化。供应链伙伴关系就是企业间为了实现某种战略目标而达成的一种契约关系，是企业间合作的一种方式。科斯认为，交易成本至少应包括两大成本：一是运用价格机制的成本，二是为完成市场交易进行谈判和监督履约的费用。由于交易成本概念范围较大，不具有可操作性，且不符合“企业边界由生产技术所决定”的主流观点，因此，该研究在 20 世纪 40 ~ 70 年代之间经历了一个断层期。

威廉姆森（1979）① 进一步发展和完善该理论，增强了该理论的可操作性，有效解决了企业存在的合理性问题，被广泛应用到经济管理各领域。他认

① Williamson O E. Transaction – Cost Economics: The Governance Of Contractual Relations [J]. Journal of Law & Economics, 1979, 22 (2): 233 – 262.

为，交易成本理论建立在人的行为两个基本假设条件下：一是人的理性是有限的。在现实经济活动中，人们会因为认知能力不足或者掌握的信息不够完备等原因，往往处于有限理性。二是机会主义的存在。机会主义行为的存在导致交易主体在经济活动中不惜利用对方弱点，损害对方利益来使得自身利益最大化，从而使得交易更加复杂，进一步增加了市场交易费用。

威廉姆森进一步提出交易成本的大小由交易频率、交易不确定性及资产专用性等三个维度所决定。市场的交易成本会随着交易频率、不确定性以及资产专用性程度的增加而提高。当交易成本提高到一定程度时，企业会选择一体化的经营模式。威廉姆森发现，市场交易和企业一体化经营之间存在企业之间相互合作的过渡形式的组织。供应链上下游企业间合作既不完全是市场交易关系，也不属于企业内部一体化的经营关系，它作为一种与各类伙伴企业之间的不同程度的竞争合作关系，不仅有利于降低市场交易的高度不确定性，而且还可以避免内部一体化所增加的高额管理费和日常开支，从而有效减少交易成本。因而，供应链这种中间组织比市场、层级组织结构都更加有效。

我国目前处于转型经济时期，法律体系和社会信用体系都尚待完善，外部市场的不完善无法遏制机会主义行为，导致了高昂的机会主义成本，使得资产专用性程度增加，加大了企业的交易成本。而利用关系网络下相对狭小的私人信任体系，可以有效降低交易成本，这成为企业的一种自然选择（夏立军和陈信元，2007）①。

根据交易成本理论，首先，由于合作伙伴长期业务往来，彼此间搜集信息成本更低，信息交流更加顺畅，降低信息不对称，有利于降低交易成本。同时随着合作的深入，合作伙伴彼此间会建立起更多的信任，从而分享更多的关键信息，降低完备契约的额外费用，并减少机会主义行为，从而降低了交易成本，提高合作的效率。其次，供应链合作伙伴关系的建立有利于促进彼此间的关系专用性资产投资。供应链上下游企业可以通过单方投资或双方共同投资专用性设备，进一步深化彼此间的合作关系，减少履约风险，从而进一步降低交易成本。最后，供应链关系型交易的建立可以降低交易的不确定性。一方面，供应链上下游企业建立合作关系，可以有效提升抗风险能力，提高面对市场的

① 夏立军、陈信元："市场化进程、国企改革策略与公司治理结构的内生决定"，《经济研究》，2007 年第 7 期，第 82 ~ 95 页、第 136 页。

应变能力，增强抵御市场变化的风险。另一方面，合作双方的信任和有效沟通可以降低双方信息不对称性，而资产专用性投资加深了彼此间的依赖，进一步降低交易的不确定性，进而有效地降低交易成本。

3.2　资源基础理论

资源基础理论的起源追溯到1776年古典经济学家亚当·斯密在《国富论》中提出的劳动分工理论，在此基础上，1920年马歇尔（Alfred Marshall）创立了“企业内在成长论”。1959年彭罗斯（Penrose）在出版的《企业成长理论》一书中提出“组织不均衡成长”理论，探讨了企业资源与企业成长之间的关系，其提出企业内部的资源与能力是企业发展并取得业绩的重要保证。他认为企业是各种生产性资源的集合体，企业所拥有的强大的资源所发挥的优势作用远超过拥有突出的市场位势。到了20世纪80年代，韦纳菲特、巴尼和赫雷比尼亚克（Wernefelt、Barney & Hrebiniak）等人进一步发展和完善了资源基础理论。1984年韦纳菲特发表《企业的资源观》，正式提出了企业资源基础观，将战略学者的关注引回到作为产品乃至企业绩效基础的资源。他认为企业保持产品的差异性的主要原因是企业所具有的资源和能力，而企业保持可持续竞争优势的资源应具有稀缺性、价值性、不易模仿性和不可替代等特征。赫雷比尼亚克等（1985）① 认为，组织决策的有效性是由组织结构、决策过程和外部环境综合作用决定的。企业要取得竞争优势不仅要适应外部环境的变化，还要努力突破外部因素的约束。这些研究为资源基础理论的发展与完善奠定了基础。

根据传统的资源基础理论的观点，企业战略决策分析的逻辑起点是企业拥有各种资源，认为企业所拥有的稀有的、独特的、不可替代的内部异质性资源是企业获得超额收益和保持企业竞争优势的关键。该理论基于两个基本假设前提：一是企业所拥有的资源具有异质性，二是这些资源在企业间不能完全流动。在此基础上，该理论进一步提出了企业保持持久竞争优势的资源应具备四个必要条件，即具有价值性、稀缺性、难以模仿性以及不可替代性。不同的企

① Hrebiniak L G, Joyce W F. Organizational Adaptation: Strategic Choice and Environmental Determinism [J]. Administrative Science Quarterly, 1985, 30 (3): 336 - 349.

业之间会因为所拥有的资源差异而存在竞争优势的差异，企业长期占有特有资源更易于斩获长久的超额利润和竞争优势。基于这种理念，企业之间的竞争可以被视为是异质性资源层面的竞争，因此企业间竞争的焦点更加围绕着如何独占优势资源或打破竞争对手独占优势资源的局面，最终企业对持续竞争优势的追求将转化成对独特、稀缺资源的识别、独占与配置这一战略目的。相比强调“成本费用最小化”来实现价值最大化的交易成本理论来说，资源基础理论更加强调资源作为企业重要的分析单位，通过资源整合来实现企业价值的最大化。

传统资源基础理论强调了资源的“物本”特征，而完全脱离了“人本”因素，从而忽视了资源配置者的能动作用。而物质资源是否发挥作用以及发挥多大的作用完全取决于人的主观能动性，学者们在传统资源基础理论的基础上，进一步考虑人的因素，发展了企业能力理论。该理论强调企业的本质是能力的集合体，企业在长期发展中形成了其所独有的核心竞争力，企业竞争优势仅来源于核心能力，因此企业长期根本性战略就是要保持和积累核心能力。学者们在核心能力的基础上，进一步提出了综合、系统、全面的能力概念，发展出基础能力理论以及将能力动力性思想进一步延伸的动态能力理论。基础能力理论强调企业社会网络和联盟的作用，通过迅速资源链的配置来获取短期市场机会的竞争优势。而动态能力理论强调了能力的动力性思想，企业应不断地获取、整合各种资源、技术和能力来获取竞争优势。

资源基础理论较好地解释了供应链企业间合作关系的建立。企业由于自身资源受到局限，所需资源与所拥有的资源存在“战略缺口”。当不同组织的资源差异性较大，且彼此间资源互补性较强，组织间又不存在直接利益冲突时，为了获得市场竞争优势，组织间就可能建立合作关系的同盟，通过集聚、分享和交换多种方式来获取所需要的资源。而供应链上下游企业之间所建立的战略合作关系，是弥补企业自身资源匮乏，创造持久的竞争优势的重要渠道。当然这种企业间合作机制的建立需要以供应链企业拥有核心能力作为前提条件，这样才能够实现企业核心竞争力的资源优化，达到优势互补，互利双赢。

3.3 资源依赖理论

资源依赖理论是组织理论与战略管理领域最具影响力的理论之一，发展至今历经30多年，积累了丰硕的理论成果，形成了较为完善的理论体系。该理论源于塞尔兹尼克（Selznick）提出的观点，认为每个组织都具备其他组织所没有的独特能力。企业会通过与其他企业建立合作关系来获取外部资源，以促进其核心业务的发展。普费弗（Pfeffer）进一步发展了塞尔兹尼克的观点，普费弗和塞尔兹尼克（1978）[①] 年发表《组织的外部控制：资源依赖视角》，对该理论的发展起到了关键的作用，形成了资源依赖理论。

该理论将单个组织视为一个开放的系统，单个组织是理解组织间关系以及社会的基本单位。这些组织无法拥有所需的全部资源，因此组织不得不与其他社会参与者形成相互依赖的网络，从外部获取资源。这种相互依赖，决定了组织需要对其他组织行为的变化做出反应，这使得组织环境具有偶然性和不确定性，影响了组织生存以及可持续发展。组织会采取行动去协调外部环境的不确定性，但这些行动往往会导致新的依赖产生，并引发新的不确定性。这些组织间的依赖导致组织间以及组织内的权力产生，最终影响组织行为。

资源依赖理论很好地解释了供应链联盟的形成。一个企业的资源在可流动性、不可模仿性、可持续性方面越是不完善，企业越有可能建立联盟。企业常常会选择与自己资源互补的企业来建立供应链合作关系，以得到互补性的资源来获取竞争优势，提升资源配置效率，最大化资源的价值。

就资源基础理论与资源依赖理论对比来看，从资源的有限性来看，资源基础理论强调资源是具有无限性的，企业应充分利用组织的内在资源，并建立与内部资源相匹配的战略来获取持续的竞争优势。而资源依赖理论认为资源是有限的，组织需从外部获得资源，关注外部资源环境的不确定性，并对这种不确定性加以管理（Scott，2011）[②]。从资源的内容来看，资源基础理论强调组织内部资源，尤其是企业的战略性资源应当具备重要性、稀缺性、难以模仿性以及不可替代性等特征。通常包括物理资源、人力资源以及组织能力资源，这些资源构成了企业的战略优势。而资源依赖理论强调从外部获取资源，认为一切对组织生存、发展有利的要素都可作为企业的资源。如企业与供应商、客户、政府等非财务利益相关者之间所建立的非正式关系也是企业重要的资源之一。再如企业的社会合法性身份，保证了组织被社会所信任，保障组织关键资源的

① Benson J K，Pfeffer J，Salancik G R. The External Control Of Organizations [J]. Administrative Science Quarterly，1978，23 (2).

② Scott，John. The SAGE handbook of social network analysis [M]. SAGE，2011.

获取，也是企业重要的资源。从资源的应用价值来看，资源基础理论强调企业最大程度利用资源有利于最大化地提升企业价值。资源依赖理论从两个方面考虑资源的应用价值，不仅考虑到资源的利用效率问题，同时还要考虑到资源的获取问题。

3.4 委托代理理论

委托代理理论是制度经济学中契约理论的主要内容之一，是现代企业理论重要的组成部分。委托代理理论的发展，根源于企业规模的扩大与企业所有者自身能力与精力之间的矛盾。委托人作为委托代理关系的主体，授权代理人代替其行使某项权力或者参与某些活动，即产生了委托代理问题。而从广义的角度来看，任何交易一旦涉及交易主体间信息不对称问题，就会产生委托代理问题。委托人和代理人所拥有的信息优势不同，具有信息优势的是代理人，而处于信息弱势的是委托人，委托人和代理人之间存在不同的目标。早期的企业中产权主体是单一的，企业业主拥有绝对的权威和完全的所有者权益，在这种情况下不存在委托代理问题。但随着企业扩大经营规模，管理的复杂化、专业化以及企业所有者自身能力、精力之间的矛盾愈发突出，企业所有者无法对企业进行全面系统的管理。这时，专业经理人员（代理人）接受企业所有者（委托人）的委托，对企业行使处置资本的权利，而企业所有者行使监控企业的职能，即出现了委托代理的契约关系。但在委托代理的关系中，由于委托人与代理人的目标函数不同，所有者追求企业的利益最大化目标，因此其会要求经营者尽全力努力保证企业收益的最大化，而经营者以追求个人报酬、价值最大化为目标，可能会做出有利于自身利益最大化的经营决策。因此，委托代理关系中不仅包括签约之前由于信息不对称而造成的逆向选择问题，还包括签约后代理人的隐匿行为所造成的道德风险问题。

当代理人与委托人之间存在信息不对称时，委托人在授权给与自己有不同目标的代理人时就会产生不确定性，也正是这些不确定性导致学术界对激励问题的研究。假设委托人与代理人之间不存在信息不对称，但二者的目标函数不同，此时委托人可以通过设计有效契约来促使代理人依照委托人的目标进行选择，代理过程中就不再有激励问题。但假设双方信息不对称且委托人无法监控代理人行为时，激励问题就变成影响代理效率的重要因素显现出来。委托代理理论的最终目的，就是建立一种机制和契约，在给代理人足够的刺激和动力的基础上使其实现个人效用与委托人预期效用的最大化。

供应链是由供应商、客户等多企业组成的实体链，企业间通过各种资源的流通、运作，组成了优势互补的利益体组合，但供应链上下游之间由于存在不同的利益目标以及信息不对称程度，也会导致委托代理问题。虽然供应链上的所有企业其最终目标都是令客户满意，并在此基础之上协同组织生产，但供应链上下游的企业皆是独立的法人主体，都追求自己独立的经济利益，都是以最大化企业利润作为目标并对企业的所有者负责。即使在同一供应链上的企业，也可能存在为获取有利竞争地位而损害其他企业利益的机会主义行为。因此，供应链企业之间呈现出竞争合作的关系特点，其委托代理问题存在逆向选择与道德风险并存的局面。

3.5 关系契约理论

由于有限理性的存在以及法律制度的不完善等现实情况的存在，使得诸多契约的执行都依赖于交易双方的合作性交易关系和法律之外的一些保障机制。关系契约理论的产生，是由于传统的契约理论无法完美地解释现实中存在的契约问题。关系契约理论有别于传统的契约思想，考虑了社会现实中人与人之间的交换关系的特点，分析不同的缔约方式的差异。提出现实中的每项交易都嵌在各种复杂的关系中，交易中的关系因素是理解任何交易的必要因素。关系契约并没有详尽地规定交易的所有内容条款，仅仅确定交易的基本目标以及原则，认为契约方过去、现在和预期未来的各种个人关系在长期的契约安排中起着关键作用。

关系契约主要有关系嵌入性、时间长期性、自我履约性和条款开放性四大特点（孙元欣，于茂荐，2010）[①]。首先，关系嵌入性是理解关系契约的出发点，理解契约的本质问题，不能仅限于理解契约的本身，还需要联系其背后的社会背景对契约进行考察。关系嵌入性特点决定了理解契约要从交易所嵌入的

① 孙元欣、于茂荐："关系契约理论研究述评"，《学术交流》，2010年第8期，第117～123页。

关系入手，合作型交易关系是契约执行的基础。其次，时间长期性是指相对于市场交易的未来不确定性而言，关系契约会持续更长的时间，并随着时间的延伸而发展。由于时间的延伸以及关系的复杂化，关系契约会涉及其他的利益相关者，比如供应商、客户、担保人和银行等。因此，关系契约很大程度上会涉及两个或两个以上的民事主体，突破了传统意义上分立性交易的界限。关系契约的长期性有助于企业获取法律之外的其他保证机制，有效避免契约方单次交易中陷入囚徒困境的危机。再次，自我履约性是关系契约执行的重要保障。由于企业的有限理性以及高昂的交易费用，关系契约的顺利进行只有依赖于自动履约机制来加以保障。同时，由于关系契约中包含很强的人格化因素，契约双方可以在长期的契约关系中通过合作以及其他补偿性措施来解决合作中遇到的问题。最后，条款的开放性，主要由于企业行为的有限理性和较高的交易费用的存在，面对未来的不确定性时，契约双方都希望交易过程中能够保持弹性，以便灵活反应。条款的开放性有利于关系契约保持较强的柔性，但同时也是以双方未来合作的收益足够大，并且契约双方保持着较好合作关系作为合作前提，从而有利于降低契约协商过程中的交易费用。

由于在关系契约中存在着双方都允许的无法通过法律来弥补的漏洞，因此，关系契约的执行还主要依赖未来合作价值、关系型规则以及声誉三个方面来对其进行保障。首先，有别于正式契约依赖法院执行的保障机制，关系契约的履行主要是通过未来合作的价值来加以维系。因为存在着未来合作价值，一旦一方终止交易，则可能对另一方带来巨大的损失，并且选择不履约的企业存在一个足够高于残值生产成本的价格，使其失去的一系列未来销售贴现总额大于履约带来的收益。因此，在关系契约的设计方面，要考虑该因素，加大违约成本，使履约所带来的长期收益大于不履约所带来的短期效益。其次，关系契约的治理还包含了社会过程和社会规则的关系性规则，企业合作过程中所面临的专有性投资带来的“敲竹杠”问题以及合作绩效衡量的困难等问题可以通过关系性规则加以规避或解决。戴尔和朱（Dyer & Chu，2003）① 的研究发现，关系性规则有利于避免契约双方为了短期的利益而进行机会主义行为，因为合作终止所带来的损失会大大超过机会主义行为的短期收益。此外，契约双方之

① Dyer J H，Chu W. The role of trustworthiness in reducing transaction costs and improving performance：Empirical evidence from the United States，Japan，and Korea ［J］. Organization Science，2003，14（1）：57 - 68.

间所建立的信任关系增强了双方共享信息的意愿，降低了信息的不对称程度。关系性规则促进了契约伙伴之间交易的和谐，加强了契约参与人的良性互动，提高了契约双方整体的利益，使得不需要第三方（包括制度与仲裁者）的加入就能保障交易的顺利进行。最后，声誉是关系契约实施过程中重要的影响因素。基于声誉的重要影响，契约双方要充分考虑当前和未来，因为一旦当前的行为影响到对方的利益，则可能会影响未来的潜在交易对手对自己的选择。企业在进行交易时，首先会选择声誉良好的企业来保障与之缔结的契约会得到恰当的履行，如果企业无缘故地毁约则很容易丧失这种声誉。在现代信息技术条件下，声誉信息的扩散变得非常便利，需要注意的是，声誉发挥强制执行作用的充分条件是只有在具备共同价值和伦理的共同体内存在对机会主义的相同认识，否则声誉机制很可能就会失效。

关系契约理论很好地解释了企业间商业网络的形成和运行机制，揭示了交易双方维系长期合作关系的内在规律。供应链上下游企业间交易过程中存在大量的关系契约，供应链上下游成员企业间通过关系契约建立长期互惠的商业贸易关系，在一定时期内可以共享信息、共担风险、共同获利的战略合作关系。

第 4 章

关系型交易与财务柔性储备动机

通过本书第 2 章文献综述的梳理，分析了财务柔性的内涵、外延、影响因素、经济后果以及关系型交易内涵本质、对企业经营的作用机制、对财务决策的影响效应后，发现关系型交易的产生源于契约的不完整和资本市场不完善等制度因素，对关系型交易依赖程度较高的企业的会计、财务、审计决策都更能体现出保守性的特征。本书第 4 章主要基于上市公司关系型交易对财务柔性决策的影响效应加以分析，进一步基于关系专用性投资特征分析企业不同的财务柔性实现途径在协调供应链上下游关系时的动机是否相同？基于上述埋论及分析，本章在提出相关假设的基础上，进一步进行实证检验。

4.1 问题的提出

目前，我国处于经济转轨时期，宏观形势的复杂多变以及产品市场的激烈竞争使得市场环境的不确定程度日益增加。为了适应不断变化的环境，企业除了降成本、提质量以增强竞争能力外，合理的保持财务柔性也是企业规避市场风险、获得竞争优势的重要条件。企业的财务柔性是企业为了预防或者利用未来不确定性以实现企业价值最大化而调动财务资源的能力（Byoun，2008）①。当企业遭遇重大的不利冲击时，财务柔性强的企业能够及时的获取并调用财务

① Byoun S. How and When do Firms Adjust Their Capital Structures toward Targets? [J]. Journal of Finance，2008，63（6）：3069－3096.

资源，更好地避免不利冲击或抓住新的投资机会。尤其在金融危机爆发后，管理者越来越意识到财务柔性的重要性，缺乏财务柔性的企业在危机中面临资金链断裂，纷纷倒闭，而前期储备财务柔性的企业不仅安稳度过危机时期，而且还能够利用柔性财务资源抓住危机所带来的投资机会，提升企业的竞争力。格林汉姆和哈维（2001）① 通过对美国公司 CFO 进行问卷调查后发现，公司制定财务政策时首要考虑的因素是保持公司的财务柔性。纵观目前的文献发现，学者们从宏观环境、行业特征、公司战略、管理者特征等角度对该问题进行研究，而从上下游供应链关系的视角出发深入研究企业财务柔性战略，是一个重要而又被忽视的问题。

供应链上下游关系作为企业的一项战略资源，其重要性日益凸显。所谓供应链关系型交易，是指企业与下游具有战略合作关系的关键客户之间的商业关系贸易往来。根据利益相关者理论，关键客户关系对企业的经营和发展具有决定性的影响，已有研究探讨了供应链关系型交易对企业财务行为的影响，包括对交易成本、议价能力、财务杠杆、盈余管理等，这些文献对本书的研究提供了有益的借鉴。稳定的关系型交易是企业取得竞争优势、创造更多超额利润、实现价值最大化的重要资源。这种超额利润来源于所谓的“关系租金”（Dyer & Singh，1998）②，包括双方对关系专用性资产的投资、价值信息的共享、较低的交易成本以及对互补性资源的整合。但是，值得注意的是，供应链关系型交易过于集中也隐含着潜在风险，尤其是我国制造业企业普遍存在产能过剩，产品附加值低且同质化程度较高，使得上下游企业谈判势力不均衡，上游供应商过分依赖少数几个关键客户资源，进一步降低了上下游关系的稳定程度。而一旦关键客户资源流失，不仅会使供应商失去大部分的市场份额，同时还会产生大量的坏账，这无疑会对企业造成严重的流动性冲击，增加其资金链断裂的风险。那么，这种上下游合作关系的潜在变化将会对企业的财务行为产生怎样的影响？企业面对这种不确定因素是被动的接受，还是主动采取柔性的财务策略去适应环境？企业不同的财务柔性实现途径背后的动机是否相同？是偏向于对风险的预防还是偏向于对客户的承诺？厘清这些问题有助于从供求战略关系角

---

① Graham J R, Harvey C R. The theory and practive of corporate finance: Evidence from the field [J]. Journal of Financial Economics, 2001, 60 (1): 187-243.

② Dyer J H, Singh H. The relational view: Cooperative strategy and sources of interorganizational Competitive Advantage [J]. Academy of Management Review, 1998, 23 (4): 660-679.

度理解企业储备财务柔性的动机及其内在价值，帮助企业选择合适的财务政策获取并保持财务柔性，丰富财务柔性相关理论以及供应链关系型交易对企业财务行为影响相关理论。

本书采用2008～2012年A股制造业上市公司4994个公司年面板数据，检验了企业的关系型交易程度对企业财务柔性决策的影响效应。研究结果表明，企业对关键客户的关系型交易越依赖，其储备财务柔性的动机越强烈。进一步基于关系专用性投资特征辨别财务柔性动机后发现，无论关键客户的关系专用性投资水平高低，随着企业关系型交易程度的提高，企业倾向于储备更多的现金柔性，验证了企业储备现金柔性主要基于预防性动机；而仅仅在关系专用性投资水平高的企业中，随着企业关系型交易程度的提高，企业倾向于储备更多的负债融资柔性，验证了企业储备负债融资柔性主要基于承诺性动机。本书丰富了企业财务柔性的研究视角，也为供应链关系型交易如何影响企业财务行为提供经验支持。

4.2 理论分析和研究假设

4.2.1 关系型交易与财务柔性储备动机

供应链关系型交易的产生源于契约的不完整和资本市场不完善等制度因素，当市场环境发达时，市场对公司的行为和声誉会做出更为激烈的回应，市场机制可以有效地约束公司之间的机会主义行为，有利于降低交易成本，公司也更容易寻找新的交易伙伴，转换成本降低，企业往往会倾向于市场化交易。而当市场发育不成熟时，信息非对称程度越高，市场信息壁垒就越严重，各种交易主体对所获取的交易渠道的依赖性越高。当公司面临的外部市场不发达时，公司获取资本、劳动力等生产要素的成本以及公司之间的交易成本均较高。市场信息非对称的壁垒阻碍了公司与客户之间的公平市场交易，提高了公司在市场上寻找新的供应商关系的难度，所以公司与供应商、客户之间进行专用性投资、建立关系型契约的动机增强。

企业的关键客户位于供应链关系的下游，是企业重要的利益相关者，对其生存与发展有着重要影响。稳定的关系型交易可以看作是企业取得竞争优势、创造更多超额利润进而实现价值最大化的一种资源。这种超额利润来源于所谓的“关系租金”，包括双方对关系专用性资产的投资、价值信息的共享、较低的交易成本以及对互补性资源的整合。但稳定的关系型交易建立在供求双方良好的财务状况前提下，因为一旦获得关系专用性投资的企业发生财务危机导致合作中断，投资的专用性资产也会随即失去价值，导致资产投资方承担较大的投资损失（Titman，1984）①。此外，客户还会因担心有潜在财务问题的供应商不能保证产品质量而拒绝与其进行贸易往来。因此，为了维持稳定的关系型交易，打消客户对合作风险的担忧，吸引更多的关系专用投资，供应商会更有动力去储备财务柔性以显示企业财务状况良好，作为企业对合作方的战略性承诺。除了承诺性动机以外，对风险的预防也是企业储备财务柔性的主要动机。首先，当企业的关系型交易过于集中时，一旦关键客户陷入财务困境或者宣告破产，不仅影响企业未来的市场份额，还会给企业带来大量坏账，从而引起企业现金流的震荡。其次，若企业的关键客户转向其他供应商，这种改变的负面效应会传递给企业其他客户，从而使得企业市场份额遭受更严重流失。再次，关键客户过于集中会提高客户的谈判势力，供应商企业会因此被迫答应降低价格或者提供更多的商业信用，从而增加企业财务风险。最后，失去关键客户还会作为一种负面信号，使得银行减少对供应商的信用额度，加剧其融资约束。赫策尔（Hertzel et al.，2008）② 发现关键客户宣告破产，供应商的股价会受到负面影响。因此，为了预防因供应链关系型交易不稳定而给企业带来的潜在风险，供应商储备财务柔性动机更加强烈。

财务柔性是柔性理念在企业财务决策中的体现，早期的财务柔性定义强调对动态环境的适应和反应能力（FASB），认为财务柔性是一种企业能够采取有效的财务行动改变现金流数量和时间以应对不确定的需求以及抓住机会的能力。金融危机之后，财务柔性的定义更强调预防和利用价值（曾爱民等，2013）③，认为财务柔性是企业为了预防或利用未来不确定性以实现企业最大

① Titman S. The effect of capital structure on a firm's liquidation decision ☆ [J]. Journal of Financial Economics，1984，13（1）：137－151.

② Hertzel M，Li Z，Officer M，Rodgers K. Inter-firm linkages and the wealth effects of financial distress along the supply chain [J]. FinancEcon，2008，87：374－387.

③ 曾爱民、张纯、魏志华：“金融危机冲击、财务柔性储备与企业投资行为——来自中国上市公司的经验证据”，《管理世界》，2013年第4期，第107～120页。

价值而调动财务资源的能力。企业通过保持财务柔性有利于减轻客户对合作风险的担心，深化彼此的战略伙伴关系。首先，可以使其面对不利的竞争环境时迅速做出反应，减轻市场环境对企业造成的不利冲击，避免其陷入财务困境；其次，可以向市场传递承付义务的信号，有效地获取投资机会，使其在市场竞争中占据优势地位。再次，可以向关键客户展示出其进一步扩大生产能力、增加 R&D 投资水平的可信承诺，有利于深化与客户的合作。另外，保持财务柔性在防范、规避客户过于集中所引发的风险上具有价值。首先可以避免因关键客户占用过多商业信用或者形成坏账而导致企业资金周转失灵的风险。其次，可以有效预防关键客户流失或竞争中失势对企业造成的现金流的震荡，从而避免企业陷入财务困境。再次，可以有效缓解企业因失去关键客户而被银行减少信用额度，导致融资难度加大且融资成本过高的风险。由此可见，企业保持财务柔性在协调关系型交易过程中能够发挥风险管理工具的作用，满足对客户承诺以及自身风险预防的双重要求。基于此，本书提出如下假设：

H1：在其他条件相同的前提下，关键客户的关系型交易越集中，供应商储备财务柔性的动机越强烈。

4.2.2 关系型交易、关系专用性投资特征与财务柔性动机

关系型交易中的一个重要特点来自于企业间的关系专用性投资。作为一种关系契约，关系投资的实施往往是以双边长期合作形成的关系为基础的。这一方面可以促成双边的合作，但另一方面也会形成双边的垄断，表现为企业更依赖与关键供应商客户进行商业交易，并且投资的资产通常具有较高程度的专用性，更容易形成双方关系锁定。而这会引发具有机会主义倾向的交易方更多的讨价还价以谋求更多的私利，同时由于交易双方信息不对称，交易伙伴很难及时、准确地获得对方的私有信息，更加难以预测交易何时终止，由此给交易伙伴带来较高的损失。为了降低投资方对企业履约动机与履约能力的担心程度，增强主要供应商客户对未来长期交易关系的稳定预期，在与主要供应商/客户之间建立关系专用性投资时，企业往往会通过多种财务决策安排来提供“可置信承诺”，这是缔结并稳定契约关系之关键所在。

为了进一步探究关系型交易下，企业不同类型的财务柔性实现途径所发挥的作用是否存在差异，有必要从关系专用性投资的特征出发，检验关系型交易

对财务柔性决策的影响效应。对专用性商品的生产而言，企业更有可能获得客户的关系专用性投资。当客户有意愿提供关系专用性投资时，他会要求企业对保持稳健的财务状况作为承诺，企业会通过储备财务柔性来迎合客户对企业稳健财务状况的期待。而非专用性商品的生产很少需要关系专用性投资，企业储备财务柔性的承诺性动机并不强烈。因此，若承诺性动机起主导作用，则获得较多关系专用性投资的企业（专用性商品生产企业），其财务柔性的储备动机更为强烈，而获得较少的关系专用性投资的企业（非专用性商品生产企业），其财务柔性的储备动机并不强烈。

但若预防性动机起主导作用，情况却大相径庭。首先，专用性商品的生产不仅可以使供应商从最初销售中受益，而且后续专门服务也将会为其带来可观收入，一旦关键客户流失，将会给企业营业额带来较大损失；其次，专用性商品的生产企业除了接收客户的关系专用性投资外，自身也可能进行专用化资产投资，一旦客户方面出现问题，这种投资由于其专用性限制而失去价值，增加了企业财务风险；最后，专用性产品的生产往往会涉及专利权，其供应商很难通过其他渠道来分销商品。这些风险都将会对企业的未来现金流造成冲击，成为企业生存发展的隐患。而非专用性商品的市场产品同质化较高，竞争比较激烈，客户很容易找到替代性的供应渠道，客户的谈判势力较高且流失的风险较大，这都会引发企业潜在的财务风险。因此，若预防性动机起主导作用，企业无论是否获得关系专用性投资，即企业无论是否生产专用性商品，其预防性动机都较为强烈。基于此，本书提出以下假设：

H2a：若基于承诺性动机，对专用性商品生产企业而言，其关系型交易程度越高，企业储备现金柔性越多，而非专用性商品生产企业的关系型交易程度与现金柔性二者关系不明显。

H2b：若基于预防性动机，企业无论是否生产专用性商品，其关系型交易程度越高，企业储备现金柔性越多。

H3a：若基于承诺性动机，对专用性商品生产企业而言，其关系型交易程度越高，企业负债融资柔性越多，而非专用性商品生产企业的关系型交易程度与负债融资柔性关系不明显。

H3b：若基于预防性动机，企业无论是否生产专用性商品，其关系型交易程度越高，企业负债融资柔性越多。

4.3　数据选取和研究设计

4.3.1　数据选取

本书选取了 2008 – 2012 年 A 股制造业上市公司 4994 个面板数据作为研究样本。之所以选择制造业企业为研究样本，是因为制造业企业更换供应商和客户的成本较高，易形成较为稳定集中的供应链关系，因此供应链关系型交易较为普遍，对制造业企业影响较大。

为保证数据的准确性，本书根据以下原则对数据做了严格筛选：（1）剔除在数据选取期间任何一年中被 ST 的公司；（2）剔除五年中财务数据有重大疏漏和严重问题的公司；（3）剔除五年间所属行业发生变化的公司，最后共获得 4994 个公司年的非平衡面板数据。所有公司的财务数据来自于 RESSET 数据库，关系型交易程度数据根据上市公司年报所披露的“前五大客户销售总额占总销售额比例”手工整理得到，具体分布情况如表 4 – 1 所示。可以看出，关键客户关系型交易均值都在 30% 左右，说明制造业企业关系型交易依赖现象较为普遍。为了消除极端值的影响，本书对样本进行了 1% 和 99% 的缩尾处理。

表 4 – 1　　关键客户的关系型交易程度样本分年统计

年份	公司数	关系型交易程度		
		均值	中值	方差
2008	647	0. 296	0. 248	0. 194
2009	692	0. 298	0. 239	0. 199
2010	993	0. 301	0. 25	0. 2
2011	1238	0. 298	0. 242	0. 2
2012	1424	0. 303	0. 241	0. 204
total	4994	0. 3	0. 243	0. 2

4.3.2 研究设计

为了验证上述假设，本书运行了如下回归模型4-1：

$$ff_{i,t} = a_0 + a_1 customer_{i,t} + a_2 size_{i,t} + a_3 lev_{i,t} + a_4 cfo_{i,t} + a_5 capex_{i,t} + a_6 tobinq_{i,t} + a_7 share_{i,t} + \partial_8 div_{i,t} + year + industry + \varepsilon_{i,t} \quad \text{模型（4-1）}$$

模型（4-1）中被解释变量财务柔性 $ff_{i,t}$，现有文献对财务柔性的判断有采用单一指标，如现金持有量或财务杠杆水平来判断，或者综合两者的多指标结合来判定企业财务柔性水平。本书采取多指标结合法，将财务柔性 $ff_{i,t}$分解为负债融资柔性 $levr_{i,t}$和现金柔性 $cashr_{i,t}$两部分，其中负债融资柔性 $levr_{i,t}$ = Max(0，行业平均负债比率-企业实际负债比率)，现金柔性 $cashr_{i,t}$ = 企业现金持有水平-行业平均现金持有水平。

解释变量关键客户关系型交易程度 $customer_{i,t}$，本书借鉴唐跃军（2009）[①]的研究方法，用上市公司年报中所披露的“前五大关键客户销售额合计数占比”指标来衡量，该指标越大，表明关键客户关系型交易程度越高。根据假设，本书预期 $customer_{i,t}$符号显著为正；为了进一步辨别现金柔性和负债融资柔性储备动机的差异，本书根据关系专用性投资特征对样本进行分类区分。其中关系专用性投资用两个替代变量衡量，第一，按是否属于耐用品 $durable_{i,t}$作为关系专用性投资的替代变量。狄特曼（1984）[②] 认为，耐用品制造商比非耐用品制造商更多依赖于关系专用性投资。借鉴现有文献的做法，如果企业所在行业为制造业中的电子（C_5）、金属与非金属（C_6）和机械、设备和仪表（C_7）等行业，则界定为耐用品行业，其余为非耐用品行业。第二，用研发支出/销售收入 $rd_{i,t}$作为关系专用性投资的替代变量，研发支出集中的企业更可能使用关系专用性投资（Allen & Phillips，2000）[③]。按此标准将样本分为 $rd_{i,t}>0$ 和 $rd_{i,t}=0$ 两组。同时，本书控制可能对财务柔性决策产生影响的其他因素，包括公司规模 $size_{i,t}$，现金流量 $cfo_{i,t}$，成长性 $tobinq_{i,t}$，资本性支出 $capex_{i,t}$，财务

---

① 唐跃军：“供应商、经销商议价能力与公司业绩——来自2005~2007年中国制造业上市公司的经验证据”，《中国工业经济》，2009年第10期，第67~76页。

② Titman S. The effect of capital structure on a firm's liquidation decision ☆ [J]. Journal of Financial Economics，1984，13（1）：137-151.

③ Allen J W，Phillips G. Corporate equity ownership，strategic alliances，and product market relationships [J]. Journal of Finance，2000，55：2791-2815.

杠杆 $lev_{i,t}$，红利发放哑变量 $div_{i,t}$，第一大股东占比 $share_{i,t}$。变量的选取和定义与国内外文献常用指标基本一致，具体变量解释如表 4－2 所示。

表 4－2 变量定义表

解释	变量名	计算方式
财务柔性	$ff_{i,t}$	财务柔性＝现金柔性＋负债融资柔性
	$cashr_{i,t}$	企业现金持有水平－行业平均现金持有水平
	$levr_{i,t}$	Max(0，行业平均负债比率－企业实际负债比率)
关键客户关系型交易集中度	$customer_{i,t}$	前五大关键客户销售额占企业年销售额比例
关系专用性投资	$durable_{i,t}$	属于耐用性商品为 1，属于非耐用性商品为 0
	$rd_{i,t}$	研发支出/销售收入
规模	$size_{i,t}$	总资产账面价值的自然对数
财务杠杆	$lev_{i,t}$	总负债/总资产
经营现金流	$cfo_{i,t}$	经营现金流量净额/非现金资产
成长机会	$tobinq_{i,t}$	(非流通股价值＋流通股价值＋债务帐面价值)/总资产
资本支出	$capex_{i,t}$	购建固定资产、无形资产和其他长期资产所支付的现金/非现金资产
第一大股东占比	$share_{i,t}$	第一大股东持股比例
红利哑变量	$div_{i,t}$	当年发放红利为 1，否则为 0

4.4 数据分析及模型结果

4.4.1 主要变量的描述性统计及组间检验

为了有效对比客户关系型交易比重不同的企业相关指标差异，本书按关键客户关系型交易比重是否大于均值对选取的指标进行描述性统计和组间检验，如表 4－3 所示。首先，从财务柔性指标 $ff_{i,t}$ 来看，关系型交易水平高的企业财务柔性均值 0.11，中值 0.03 分别显著高于关系型交易水平低的企业均值 0.07，中值－0.04。进一步，关系型交易水平高的企业的现金柔性指标 $cashr_{i,t}$

中值0.01、均值-0.02和负债柔性指标$lev_{i,t}$中值0.1、均值0.03分别显著高于关系型交易水平低的企业$cashr_{i,t}$中值-0.01、均值-0.04和$lev_{i,t}$中值0.08、均值0，这说明关系型交易水平较高的企业财务柔性储备较多。其次，关系型交易水平高的企业耐用品$durable_{i,t}$均值和中值以及研发支出占比$rd_{i,t}$均值分别高于关系型交易水平低的企业相关数值，说明关系型交易水平高的企业的关系专用性投资特征较为明显。其他控制变量指标能够反映企业特征，除了第一大股东占比$share_{i,t}$差异不显著之外，其他指标组间差异均显著。

表4-3　　按照关系型交易程度分类的描述性统计及组间检验

	关系型交易均值以下			关系型交易均值以上			组间差异	
	均值	中值	方差	均值	中值	方差	均值（t值）	中值（z值）
$ff_{i,t}$	0.07	-0.04	0.23	0.11	0.03	0.26	-6.3***	-5.16***
$cashr_{i,t}$	-0.01	-0.04	0.15	0.01	-0.02	0.17	-5.2908***	-4.25***
$debtr_{i,t}$	0.08	0	0.11	0.1	0.03	0.12	-6.74***	-6.54***
$durable_{i,t}$	0.5	0	0.5	0.62	1	0.48	-8.88***	-8.81***
$rd_{i,t}$	0.01	0	0.01	0.02	0	0.01	-1.92*	1.35
$size_{i,t}$	9.45	9.37	0.5	9.25	9.2	0.43	14.12***	13.59***
$lev_{i,t}$	0.43	0.44	0.21	0.39	0.38	0.22	5.74***	6.27***
$cfo_{i,t}$	0.07	0.05	0.11	0.05	0.05	0.11	3.72***	3.29***
$capex_{i,t}$	0.09	0.07	0.07	0.1	0.08	0.08	-2.43***	-0.78
$tobinq_{i,t}$	1.72	1.41	1	1.84	1.48	1.18	-3.9***	-3.42***
$share_{i,t}$	0.36	0.35	0.15	0.36	0.35	0.14	-0.56	-0.76
$div_{i,t}$	0.72	1	0.45	0.69	1	0.46	1.94*	1.94*

注：***、**、*分别表示在1%、5%和10%水平下显著。

4.4.2　实证结果分析

（1）关系型交易对财务柔性储备动机的影响。

本书采用多元回归OLS模型对企业关键客户的关系型交易与财务柔性关系进行回归，结果如表4-4所示。分别以财务柔性$ff_{i,t}$、现金柔性$cashr_{i,t}$和负债融资柔性$lev_{i,t}$作为被解释变量，表4-2的第（1）、（2）、（3）列中，

$customer_{i,t}$的系数在1%水平下均显著为正，说明企业关键客户的关系型交易程度越高，企业基于预防和承诺为目的的财务柔性储备动机越强烈，证明了假设H1成立。

表4-4 关系型交易与财务柔性回归分析

	(1)	(2)	(3)
	$ff_{i,t}$	$cashr_{i,t}$	$levr_{i,t}$
$customer_{i,t}$	0.08***	0.05***	0.03***
	(6.39)	(5.17)	(5.64)
$size_{i,t}$	-0.03***	-0.02***	-0.01**
	(-4.51)	(-4.56)	(-2.13)
$lev_{i,t}$	-0.78***	-0.35***	-0.43***
	(-50.03)	(-29.65)	(-62.55)
$cfo_{i,t}$	0.36***	0.33***	0.03***
	(13.43)	(15.61)	(2.67)
$capex_{i,t}$	0.07**	0.07***	0.01
	(2.24)	(2.86)	(0.00)
$tobinq_{i,t}$	-0.03***	-0.02***	-0.01***
	(-10.44)	(-10.12)	(-5.39)
$share_{i,t}$	0.07***	0.06***	0.01
	(4.33)	(4.78)	(1.44)
$div_{i,t}$	0.01	0.02***	-0.01***
	(0.9)	(3.98)	(-5.52)
Intercept	0.58***	0.28***	0.3***
	(10.9)	(6.57)	(13.77)
year	控制	控制	控制
Industry	控制	控制	控制
N	4994	4994	4994
F	234.48	120.22	347.93
R_square	0.58	0.38	0.61

注：***、**、*分别表示在1%、5%和10%水平下显著。

（2）基于关系专用性投资特征辨别财务柔性储备动机。

为了进一步明确企业储备现金柔性和负债融资柔性的动机是否有差异，本书根据关系专用性投资特征分别对现金柔性和负债融资柔性进行分组检验。以现金柔性 $cashr_{i,t}$ 为解释变量，回归结果如表4-5所示，将样本按照耐用品和非耐用品分为两个样本组分别进行回归，第（1）列和第（2）列的结果显示，无论是耐用品还是非耐用品，$customer_{i,t}$ 的系数在1%水平下都显著为正。将样本按照 $rd_{i,t}>0$ 和 $rd_{i,t}=0$ 分为两个样本组分别进行回归，第（3）列和第（4）列的结果显示，无论 $rd_{i,t}>0$ 还是 $rd_{i,t}=0$，$customer_{i,t}$ 的系数在1%水平下都显著为正。结果说明，无论关键客户是否进行关系专用性投资，企业的关系型交易集中程度与现金柔性都显著正相关，进一步证实具有重要关系型交易的供应商储备现金柔性主要是基于预防性动机而非承诺性动机，结果支持了H2b假设。

表4-5　关系型交易、关系专用性投资和现金柔性回归分析

	(1)	(2)	(3)	(4)
	耐用品	非耐用品	rd>0	rd=0
$customer_{i,t}$	0.06***	0.05***	0.10***	0.04***
	(4.38)	(3.04)	(4.33)	(3.7)
$size_{i,t}$	-0.01**	-0.04***	0	-0.03***
	(-2.07)	(-5.46)	(0.46)	(-5.20)
$lev_{i,t}$	-0.37***	-0.31***	-0.34***	-0.35***
	(-22.29)	(-19.16)	(-11.63)	(-27.55)
$cfo_{i,t}$	0.31***	0.35***	0.35***	0.33***
	(10.47)	(11.95)	(6.22)	(14.29)
$capex_{i,t}$	0.01	0.15***	0.18***	0.04
	(0.04)	(4.29)	(2.64)	(1.44)
$tobinq_{i,t}$	-0.03***	-0.02***	-0.03***	-0.02***
	(-7.97)	(-6.44)	(-6.22)	(-7.97)
$share_{i,t}$	0.06***	0.06***	-0.03	0.08***
	(3.24)	(3.26)	(-1.15)	(5.54)

续表

	(1)	(2)	(3)	(4)
	耐用品	非耐用品	rd >0	rd =0
$div_{i,t}$	0.02***	0.02**	0.02*	0.02***
	(3.1)	(2.55)	(1.69)	(3.92)
Intercepted	0.20***	0.43***	0.09	0.32***
	(3.72)	(6.43)	(0.89)	(6.72)
Year	控制	控制	控制	控制
Industry	控制	控制	控制	控制
N	2722	2272	875	4119
F	82.8	76.21	19.28	106.22
R_square	0.38	0.41	0.4	0.39

注：***、**、*分别表示在1%、5%和10%水平下显著。

同样本书以负债融资柔性 $lev_{i,t}$ 为解释变量，回归结果如表4－6所示，将样本按照耐用品和非耐用品分为两个样本组分别进行回归，第（1）列和第（2）列的结果显示，耐用品样本组，$customer_{i,t}$ 的系数在1%水平下都显著为正，而非耐用品则不显著。将样本按照 $rd_{i,t}>0$ 和 $rd_{i,t}=0$ 分为两个样本组，分别进行回归，第（3）列和第（4）列的结果显示，$rd_{i,t}>0$ 时，$customer_{i,t}$ 的系数在1%水平下都显著为正，而 $rd_{i,t}=0$ 时则不显著。结果说明，仅仅对于具有关系专用性投资特征的企业来说，其关系型交易集中程度与负债融资柔性显著正相关，对于不具有该特征的企业，二者关系不显著。进一步证实具有重要关系型交易的供应商储备负债柔性的动机主要是基于承诺性动机而非预防性动机，结果支持了H3a假设。

表4－6　关系型交易、关系专用性投资和负债融资柔性回归分析

	(1)	(2)	(3)	(4)
	耐用品	非耐用品	rd >0	rd =0
$customer_{i,t}$	0.04***	0.01	0.04***	0.03
	(6.13)	(1.39)	(3.37)	(1.51)
$size_{i,t}$	0.01	－0.02***	0.01	－0.01*
	(0.67)	(－4.21)	(0.82)	(－1.91)

续表

	(1)	(2)	(3)	(4)
	耐用品	非耐用品	rd>0	rd=0
$lev_{i,t}$	-0.44***	-0.43***	-0.40***	-0.44***
	(-47.80)	(-40.42)	(-25.10)	(-57.79)
$cfo_{i,t}$	0.03**	0.02	0.02	0.03**
	(2.44)	(1.59)	(0.66)	(2.57)
$capex_{i,t}$	-0.02	0.02	0.06*	-0.01
	(-1.09)	(1.02)	(1.82)	(-0.87)
$tobinq_{i,t}$	0.01***	-0.01***	-0.01***	0.01***
	(3.04)	(-4.55)	(-4.78)	(3.77)
$share_{i,t}$	0.01	0.01	0.02	0
	(0.4)	(1.29)	(1.31)	(0.57)
$div_{i,t}$	-0.01***	-0.01***	-0.01	-0.01***
	(-4.48)	(-3.06)	(-1.30)	(-5.40)
Intercept	0.24***	0.43***	0.25***	0.32***
	(8.92)	(11.51)	(5.28)	(12.18)
Year	控制	控制	控制	控制
Industry	控制	控制	控制	控制
N	2722	2272	875	4119
F	269.37	192.74	55.7	284.51
R_square	0.67	0.67	0.67	0.67

注：***、**、*分别表示在1%、5%和10%水平下显著。

4.4.3 稳健性检验

为了增强结论的稳健性，本书进行了稳健性测试：首先，采用多种方法对企业的财务柔性进行判断，借鉴阿斯兰等（2014）[①] 做法使用财务杠杆率或现金持有量作为财务柔性强弱的判断标准，重新对前面所有的回归进行分析，得

① Arslan O, Floracki s C, Ozkan A. Financial Flexibility, Corporate Investment and Performance: Evidence from East Asian Firms [J]. Working Paper, 2011.

到一致的研究结论；对样本企业按照财务柔性的百分比前30%划分为高财务柔性企业样本组，后30%划分为低财务柔性企业样本组进行回归，也得到一致结论。其次，考虑到受经济危机影响，企业市场风险加大，供应链上下游关系会更加不稳定，企业的财务柔性储备动机会更加强烈，所以选取2007～2009年的数据重新对该问题进行回归，得到一致的结论。最后，考虑到内生性问题，采用二阶段最小二乘法进行回归，结论仍一致。

4.5 本章小结

本章选取2008～2012年中国制造业上市公司面板数据，从关系型交易视角出发，探讨企业财务柔性的决策与动机，并结合关系专用性投资特征检验了企业与关键客户间的关系型交易对企业的财务柔性决策的影响效应。通过实证检验得出以下结论：

第一，企业与关键客户之间的关系型交易程度越大，往往倾向于储备更多的财务柔性，进一步验证了企业储备财务柔性的承诺性动机和预防性动机。一方面，企业通过保持财务柔性有利于减轻客户对合作风险的担心，对关键客户起到“承诺”的效果，深化彼此间的战略伙伴关系。另一方面，企业保持财务柔性可以有效防范、规避客户过于集中所引发的风险，并有利于抓住未来有利的投资机会。

第二，企业基于关系型交易而储备财务柔性时，不同的财务柔性实现途径背后具有不同的储备动机。基于关系专用性投资特点对动机加以区分，发现无论企业间关系专用性投资水平高低，随着关键客户关系型交易程度的提高，企业普遍倾向于储备更多的现金柔性，验证了企业持有现金的预防性动机；而仅仅在关系专用性投资水平高的企业中，随着关键客户关系型交易程度的提高，企业倾向于储备更多的负债融资柔性，验证了企业储备负债融资柔性的承诺性动机。

我国部分制造业企业长期生产低附加值的产品，位于价值链的低端，导致其弱势的市场竞争地位，加上近年来制造业企业产能过剩严重，加剧了企业对下游关键客户的过分依赖，也降低了供应链合作关系的稳定程度。因此，除了企业适度的储备财务柔性以提高筹集和调用资金的能力以外，还应做到以下几点：首先，应积极加强产品技术创新，淘汰落后产能，打造自身的核心竞争力；其次，提高客户管理水平，优化关键优质客户组合，以分散关键客户集中而带来的风险；再次，配合国家的产业结构调整的政策，通过企业间兼并重组，提高行业集中度，进一步提高核心竞争力；最后，政府也应从政策上助力实体经济的发展，并保证政策的稳定性和连续性，为企业提供良好的制度环境，进一步减轻企业的后顾之忧。

第 5 章

关系型交易对财务柔性决策经济后果的影响

本书第 4 章分析了关系型交易程度对企业财务柔性储备动机的影响效应。结果表明，企业对关键客户的关系型交易越依赖，企业储备财务柔性的动机越强烈。通过基于关系专用性投资特征辨别财务柔性储备动机后发现，随着企业关系型交易程度的增加，企业会基于预防性动机而储备更多的现金柔性，基于承诺性动机而储备更多的负债融资柔性。本章从产品市场和资本市场两个角度，研究关系型交易对企业财务柔性决策的竞争效应和价值效应，在理论分析的基础上进一步进行实证检验。

5.1 问题的提出

近年来，企业经营环境的不确定性日益加剧，给企业带来更多的机遇与挑战。企业一方面面临收益的下降、现金流的波动等负面风险，另一方面企业也会获得潜在的投资机会。而企业是否能够有效的规避环境不确定性所带来的机遇与挑战，这很大程度上取决于对资金获取的难易程度。同时，我国资本市场发展较不完善，企业通过资本市场低成本获取资金的难度较大，大部分企业普遍存在融资约束。在这种背景下，保持财务柔性对企业可持续性发展具有重要的意义。尤其是金融危机以后，许多企业由于缺乏财务柔性，导致流动性短缺引发资金链断裂而宣告破产。而同样背景下具有财务柔性的企业却能够顺利度过危机并有效抓住危机所带来的潜在投资机会，强化其市场竞争能力。以往关于财务柔性决策的经济后果方面的研究更多关注于财务柔性决策的代理问题的影响或是财务柔性决策的风险预防性价值，认为一方面财务柔性的储备容易导致管理者为了私人收益的最大化而出现代理冲突，从而影响企业价值。另一方面，财务柔性决策能够帮助企业及时应对环境不确定性风险。而近期关于财务柔性决策的经济后果的研究从产品市场竞争角度出发，认为企业储备财务柔性能够支持企业在产品竞争市场上的表现，扩大市场份额。

供应链上下游关系对企业的财务决策具有重要的影响，企业与关键客户建立良好的合作伙伴关系，可以有效缓解企业市场竞争压力、分享信息资源、促进技术创新，进而保持可持续发展的态势。然而随着市场竞争的激烈程度的加剧，我国企业客户集中度普遍较高，部分企业严重依赖于一个或几个关键客户的关系型交易，这种“大客户依赖”的现象所引发的潜在风险逐步被人们所警觉。已有研究发现，企业对大客户依赖会引发多种潜在风险，包括利益被关键客户侵占风险，关键客户资源流失或者客户经营失败所引发的现金流风险，甚至是财务困境风险。面对关系型交易对企业收益与风险的影响，当企业的关系型交易程度较大，对关键客户依赖程度较高时，是否会加剧企业的融资约束程度或者企业风险，从而影响财务柔性决策竞争优势作用的发挥？关系型交易是否会影响财务柔性决策的价值效应？纵观目前财务柔性的经济后果文献，国内外研究从企业特征、公司治理、市场竞争、宏观经济环境等视角对该问题进行，而从关键客户关系这种非财务利益相关者的视角出发，研究企业财务柔性决策的经济后果问题，是一个重要而又被忽视的问题。基于此，本书从企业与关键客户间的关系型交易视角出发，从产品市场和资本市场两个层面来研究对财务柔性决策的经济后果的影响效应。其中，将企业财务柔性决策对其产品市场份额的影响称为财务柔性决策的竞争效应，而将财务柔性决策对企业价值的影响称为财务柔性的价值效应。具体而言，首先从产品竞争市场角度出发，考察企业的关系型交易程度对财务柔性决策的竞争效应的影响。接着从资本市场角度出发，考察关系型交易程度高对财务柔性决策的价值效应的影响。最后考察关系型交易是否通过影响财务柔性的竞争效应进而影响企业价值。

对于关系型交易对财务柔性决策的市场竞争效应和价值效应的考察，具有重要的理论意义。首先，研究这一问题有助于更好地理解企业财务柔性决策发挥经济效应的实现路径和外部条件。其次，有利于理解中观供应链关系对企业财务行为的影响机制，有利于拓展外部利益相关者与微观企业行为联系的研究思路。最后，有利于企业决策者更好地理解“大客户依赖”这种企业现象对企业发展的不利影响，帮助其明确财务柔性战略方向，优化财务柔性管理策略，从而促进企业提升市场竞争力，创造企业价值。

5.2 理论分析与研究假设

5.2.1 关系型交易与财务柔性决策的竞争效应

（1）财务柔性决策的竞争效应。

产业组织理论认为，企业所拥有的财务资源与企业行为会产生互动关系，进而影响到企业在市场竞争中的表现，并最终决定企业的市场竞争地位。财务柔性的竞争效应是指企业通过持有一定程度的超额现金和剩余负债能力来保持企业在产品市场上竞争战略的灵活性，通过提升生产能力、定价能力和市场份额等途径对市场竞争力等产生的战略影响。企业财务柔性决策竞争效应的研究，始于产品市场竞争与资本结构的互动影响分析。保持低财务杠杆能够降低企业融资约束水平，使其能够抓住潜在的投资机会，促进企业成长，从而有利于降低竞争对手的掠夺风险，强化其市场地位。优序融资理论进一步提出，企业持有现金可以看作是负的债务，但进一步研究表明，当企业面临融资约束或现金流风险时，持有现金的竞争效应并不等同于低杠杆的竞争效应，这是因为企业保持低杠杆可能是受限于自身的融资能力，而非自主选择的结果。而保持现金柔性却是企业赢得市场竞争力的自主选择，企业能够通过持有现金而保持其市场竞争优势。

企业保持财务柔性，首先，可以利用其财务资源充足的优势，通过实施压低行业内产品价格、采取掠夺性定价等激进的掠夺性行为，将市场中竞争力较差、融资约束程度较高的竞争者驱除出市场，获得更高的市场份额。其次，可以利用其充裕的财务资源为其研发、营销、并购等多种战略决策提供资金上的支持，有助于其巩固已有的市场份额并发掘更多新的市场份额。最后，企业保持财务柔性还具有对竞争者进行威慑的信号作用，向竞争对手做出将来进一步扩大生产能力、增加 R&D 投资水平等竞争性策略的可信承诺，以制约和威慑现有竞争对手的扩张决策和竞争行为，以及阻止潜在竞争者进入市场，进而确保企业目前的产品市场竞争地位。由此提出假设 1：

H1：企业财务柔性策略具有显著的市场竞争效应，即企业保持财务柔性的策略对企业的市场业绩具有正向的影响。

（2）关系型交易对财务柔性决策竞争效应的影响。

第一，企业越依赖关键客户，其财务柔性决策用于发挥竞争效应的动力越小。一方面，近几年来我国制造业市场环境较为严峻，产能过剩现象比比皆是，供大于求的市场常态常常使供应商企业面临生存的压力，而部分企业缺乏产品技术创新，产品同质性较高，长期处于价值链的低端，易受到市场风险的波及。在此环境下，关键客户关系对企业而言，无论是关系资本还是关系风险，都对企业提出了保持财务柔性的要求。企业保持财务柔性不仅要作为一种可置信的承诺显示自身财务状况良好，用以消除关键客户对风险担心、加强与关键客户合作，更为重要的是要将其作为一种风险管理的手段防范关键客户流失所引发的潜在风险。因而，当企业对关键客户依赖程度较大的情况下，企业使用财务柔性的动机较为被动。即使企业储备财务柔性，也很难用以进行直接激进性的市场份额掠夺行为，或者为企业扩大市场进行战略部署提供资金支持，弱化了财务柔性决策用以做大做强企业、扩张企业战略版图的动力。

第二，企业越依赖关键客户，其财务柔性决策发挥竞争效应的能力越弱。虽然与关键客户建立合作关系可以作为一种关系资本为企业带来收益，但随着企业对关键客户依赖程度的增加，供应链上下企业间潜在的关系风险会更加剧烈，从而弱化了企业财务柔性决策发挥竞争战略作用的能力。首先，企业过分依赖关键客户，会使企业在供求双方博弈中失去议价能力，导致具有谈判势力的关键客户通过压低价格、占用更多的商业信用、要求更长的还款期及更优惠的还款条件、要求企业提供额外的库存等方式，对企业的利益进行侵占，进一步降低了企业的竞争能力。其次，对关键客户的依赖会带来更高的经营风险。一旦企业的关键客户转向其他供应商，这种负面效应传递给其他客户，引发其他客户改变供应商的“羊群效应”，对企业的市场竞争带来更严重的打击。更为严重的是，一旦关键客户因自身对产品需求的减少或因寻找到新的战略伙伴而中断与企业的交易，又或者关键客户自身在竞争中失利甚至陷入财务困境，都不仅会对企业的销售业绩带来沉重的打击，而且还会导致因商业信用无法收回产生大量坏账，这些都可能会引发供应商现金流风险。此外，随着企业与客户间关系强度增加，企业对特定客户的关系专用性投资也具有潜在风险。由于关系资产的专用性特质，使得其用于其他途径上的价值减弱，可能会加剧对客户的依赖，导致对方采取更多的议价行为以谋求更多私利。同时由于交易主体间信息不对称，难以准确、有效地获得交易伙伴的私有信息，一旦交易关系破裂，或者客户转向其他企业，专用性资产价值将会遭受较大的贬损，而对原有的专用性资产进行重新部署或调整需要耗费更多的成本（Hui 等，2012）①。因此，企业经营风险的加剧限制其侵略性的竞争行为，难以为竞争战略提供持续稳定的资金支持，从而制约了财务柔性决策发挥其直接掠夺市场的战略作用的价值。同时，企业客户集中风险易于被市场识别，从而弱化了财务柔性决策所传递的威慑信号的可信性，对竞争对手的威慑力大打折扣。

第三，关键客户依赖会加剧企业的融资约束水平。研究表明，关键客户依赖会加大企业系统性风险，使其在资本市场表现更差，更易于发生股票崩盘风险，增加企业的股权融资成本。在债权融资方面，对关键客户依赖的企业会受到银行等金融机构更为苛刻的债务契约，被限制更短的贷款期限以及被要求更高的贷款利息，加大了企业债权融资成本。关键客户的流失还会被视作是企业“经营状况不良”的负面信号，导致银行收紧对企业的信用额度，加大企业通过正规渠道获取资金的难度，进而加剧其融资约束程度。此外，企业间的关系专用资产由于其专用性特质，离开特定渠道会失去其价值，同时关系专用资产缺乏流动性，企业很难通过关系专用资产的抵押或出售为企业融通资金，加剧了企业的融资约束。因此，对关键客户依赖的企业外部融资成本更高，外部融资环境不确定性更大，加剧了其融资约束水平，限制了其把握投资机会的能力。综合以上三点提出假设2：

H2：企业越依赖关键客户，越会弱化企业财务柔性决策的竞争效应。

---

① Hui K W, Klasa S, Yeung P E. Corporate suppliers and customers and accounting conservatism [J]. Journal of Accounting and Economics, 2012, 53 (1-2): 115-135.

5.2.2 关系型交易与财务柔性决策的价值效应

(1) 财务柔性决策与企业价值。

除了考察财务柔性决策对市场业绩的影响外，还需从资本市场角度考察财务柔性决策对企业价值的影响效应。财务柔性对企业价值的影响如同一把“双刃剑”，不仅有积极作用，也会伴有消极作用。

从积极方面来看，财务柔性的价值与企业其他的资产价值有所不同，无论是应对外界环境的不利冲击，还是面对未来潜在有价值的投资机会时，其所发挥的预防、利用功能，体现出一种筹资能力以及把握机会创造价值的能力，具有类似期权的特征，最终会影响到企业价值。一方面，当外部资本市场不完善加上内部经营收入不稳定时，企业会由于融资渠道受限，融资成本过高而面临较大的融资约束水平。而经营环境的多变又为企业带来潜在的投资机会，当企业现金流与投资机会不一致时，财务资源充裕的企业能够利用财务柔性有效缓解企业面临的融资约束问题，低成本的调集财务柔性来协调现金流与投资机会之间的不一致，从而为企业赢得更多的投资机会，促进企业成长，提高企业的市场价值。另一方面，当企业发生财务风险时，缺乏财务柔性的企业大多会遭遇流动性危机，而具有财务柔性的企业可以利用前期储备的财务柔性资源，在财务危机中低成本地支配柔性资源，增加资金的流动性，缓解财务危机对企业市场竞争所带来的不利影响，巩固企业的市场竞争地位，提高其市场价值。从消极方面来看，若企业过度储备财务柔性，会对企业价值造成负面影响。首先，过度的现金柔性，不仅会使管理者更容易侵占企业利益或者过度投资，为其提供寻租空间，产生严重的代理问题，增加企业的代理成本，而且过度的流动性还会导致管理者盲目乐观、过度自信，从而做出不利于企业的经营决策，导致企业价值的毁损。其次，过低的财务杠杆同样会对企业产生不利影响，负债所产生的利息可以抵扣所得税，有利于降低资本成本。同时当企业适度负债，债权人对企业有相机治理作用，能够对管理者加以监督和约束，降低代理问题。而高负债融资柔性难以发挥财务杠杆的优势，不利于企业价值的提升。鉴于债权人财务柔性决策对企业价值的双重影响效应，本书认为，财务柔性的利息抵税作用以及负债的相机治理作用较为有限，相对于财务柔性决策缓解融资约束、提高投资效益的积极作用而言，对企业价值的贡献度较低。因此，财务柔性决策能够显著提升企业价值。由此提出假设 H3。

H3：企业财务柔性决策能够显著提升企业价值。

（2）关系型交易对财务柔性的价值效应的影响。

对于关系型交易程度较低的企业而言，其对关键客户依赖程度较低，所面临的经营风险和融资约束水平往往低于关系型交易程度较高的企业，若企业储备财务柔性，将更有利于其发挥竞争效应，从而使其能够抓住有利的投资机会，促进企业更好地成长，进一步发挥财务柔性的价值效应。而相比于关系型交易程度低的企业，关系型交易程度高的企业会更加依赖于关键客户，企业会经历更大的经营风险以及更高的融资约束水平，若企业没有储备财务柔性，那么该企业时刻都处在危机之中，更不可能抓住有利的投资机会以促进企业成长。而此时若企业储备了财务柔性，有利于企业降低经营风险，缓解融资约束，但其促进企业成长的效用会大打折扣，很难为企业价值带来增值效应。由此提出假设 4。

H4：关系型交易程度低且财务柔性储备较高的企业，其财务柔性能够为企业价值带来增值效应，关系型交易程度高且财务柔性储备较高的企业，其财务柔性虽与企业市场价值正相关，但很难为企业价值带来增值效应。而无论关系型交易程度如何，财务柔性储备较少的企业皆不能提升企业价值。

5.3 关系型交易对财务柔性决策竞争效应影响的实证研究

5.3.1 研究变量及模型设计

（1）研究样本。

本书以 2007 ~ 2014 年 A 股制造业上市公司数据为研究对象。之所以选择制造业上市公司作为研究对象，是因为制造业企业供应链上下游关系相对其他行业的企业来说更为稳定，企业更换供应商和客户的成本较高，因此，供应链关系型交易对制造业企业的影响可能更大。

为保证数据准确无误，本书按照以下原则对样本做了严格筛选：①由于模型中涉及滞后两期的数据，经过数据整理后，最终确认为2010~2014年作为考核期。②剔除在2010~2014年任何一年中被ST的公司年数据；③剔除主要研究变量存在数据缺失或出现严重问题的公司年数据；④剔除2010~2014年内行业发生变化的公司年数据。⑤剔除行业代码较为模糊的属于C99的公司年数据。财务数据均来自于CSMAR数据库，"关系型交易程度"数据根据上市公司年报披露的"向前五大客户销售合计数占总销售额的比例"手工整理得到，具体样本行业分布如表5-1所示。为了消除异常值的影响，本书对样本进行1%和99%的缩尾处理，对所有小于1%分位数（或者大于99%的分位数）变量，其值分别等于1%分位数（或者99%分位数），最终共获得了4222个公司年的非平衡面板数据。

表5-1 样本行业分布

制造业分类	2010	2011	2012	2013	2014
C_0 食品、饮料	47	46	59	71	80
C_1 纺织、服装、皮毛	31	34	42	51	60
C_2 木材、家具	3	6	6	7	10
C_3 造纸、印刷	18	23	31	30	38
C_4 石油、化学、塑胶、塑料	92	107	126	180	211
C_5 电子	48	53	66	104	124
C_6 金属、非金属	87	94	113	150	165
C_7 机械、设备、仪表	168	194	240	347	408
C_8 医药、生物制品	64	66	89	111	122
总计	558	623	772	1051	1218

（2）变量定义。

①产品市场竞争优势水平。

企业产品市场竞争效应最终体现为公司经营业绩的高低，企业在产品市场上所采取包括价格战、拓宽分销渠道和提高产品附加值等提升市场业绩的策略，其结果最终都要通过经营业绩的提高来体现。企业经营业绩越好，说明企业在行业中市场竞争力越强。本书借鉴弗莱萨德（2010）[①]、刘端（2011）[②] 的做法，用“经行业均值调整的公司营业收入增长率”来衡量企业产品市场业绩。其中，为了更加公允地表达企业产品市场竞争优势，需要考虑公司相比竞争对手的状况，因此对数据经行业均值进行调整。具体计算公式如下：

$$\Delta salegrowth_{i,t} = \frac{sale_{i,t} - sale_{i,t-1}}{sale_{i,t-1}} - \frac{1}{n}\sum\left(\frac{sale_{i,t} - sale_{i,t-1}}{sale_{i,t-1}}\right)$$

式（5－1）

其中，$sale_{i,t}$表示公司 i 在 t 年度主营业务销售收入；n 表示公司 i 所在行业 t 年度的样本公司数量。

②企业财务柔性水平。

现有文献对财务柔性的判断采用单一指标，如现金持有量或杠杆水平来进行衡量，或者综合两者的多指标结合来衡量企业财务柔性水平。本书采取多指标结合法，将财务柔性 $ff_{i,t}$分解为负债融资柔性 $levr_{i,t}$和现金柔性 $cashr_{i,t}$两个部分，财务柔性 $ff_{i,t}$ = 现金柔性 $cashr_{i,t}$ + 负债融资柔性 $levr_{i,t}$，其中现金柔性 $cashr_{i,t}$ = 企业现金持有水平 － 行业平均现金持有水平，负债融资柔性 $levr_{i,t}$ = Max(0，行业平均负债比率 － 企业实际负债比率)。考虑到产品市场竞争中，只有当企业财务柔性资源在合理范围内超过竞争对手，才能较竞争对手获得有利的投资机会，从而获得竞争优势。因此，本书采取相对指标对企业的财务柔性进行衡量，才能客观地分析出财务柔性决策对企业取得竞争地位产生的效应。

③其他控制变量。

本书参考相关学者的研究（孙进军等，2012）[③]，选取了资本结构（$lev_{i,t}$）、投资支出（$invest_{i,t}$）、销售费用（$se_{i,t}$）、资产规模（$size_{i,t}$）、前期产品市场业绩（$\Delta salegrowth_{i,t-1}$）作为控制变量，具体定义如表 5－2 所示。

① Fresard L. Financial Strength and Product Market Behaviors：the Real Effects of Corporate Cash Holdings [J]. Journal of Finance，2010，65：1097－1122.

② 刘端、周有德、陈收、王欢：“基于融资受限和对冲需求的企业现金持有政策在产品市场竞争中的作用”，《系统工程》，2011 年第 2 期，第 63～73 页。

③ 孙进军、顾乃康：“现金持有量决策具有战略效应吗？——基于现金持有量的平均效应与区间效应的研究”，《商业经济与管理》，2012 年第 3 期，第 85～96 页。

表5-2 主要变量定义

变量名	变量定义
产品市场业绩增长 $\Delta salegrowth_{i,t}$	经行业年度调整的公司营业收入增长率
财务柔性 $ff_{i,t}$	财务柔性=现金柔性+负债融资柔性
现金柔性 $cashr_{i,t}$	企业现金持有水平-行业平均现金持有水平
负债融资柔性 $levr_{i,t}$	Max(0，行业平均负债比率-企业实际负债比率)
关系型交易程度 $customer_{i,t}$	前五大关键客户销售额占企业年销售额比例
资本结构 $lev_{i,t}$	t-1期和t-2期的资产负债率
投资支出 $invest_{i,t}$	t-1期和t-2期的购建固定资产、无形资产和其它长期资产所支付的现金/总资产
营销费用 $se_{i,t}$	t-1期和t-2期的销售费用/总资产
总资产规模 $size_{i,t}$	t-1期的总资产的自然对数
t-1期产品市场份额业绩 $\Delta salegrowth_{i,t-1}$	t-1期经行业年度调整的公司营业收入增长率

(3)研究模型设定。

为了检验假设H1，本书参考陆正飞和韩非池(2013)[①]的方法，以$\Delta salegrowth_{i,t}$作为被解释变量，构建实证模型5-1来检验企业的财务柔性决策对其产品市场竞争的影响效应。基于假设H1的预期，模型中$ff_{i,t}$的回归系数应显著为正。为了检验假设H2，本书将全样本按照是否高于关系型交易程度均值作为标准分为关系型交易程度高和关系型交易程度低的两个子样本，采用模型(5-1)进行回归，用于检验关系型交易程度对财务柔性决策的竞争效应的影响作用。基于假设H2的预期，关系型交易程度低的$ff_{i,t}$的回归系数显著为正，关系型交易程度高的$ff_{i,t}$的回归系数不显著。

$$\begin{aligned}\Delta salegrowth_{i,t} = {} & \alpha_0 + \alpha_1 ff_{i,t} + \alpha_2 lnasset_{i,t-1} + \alpha_3 lev_{i,t-1} + \alpha_4 lev_{i,t-2} + \alpha_5 invest_{i,t-1} + \\ & \alpha_6 invest_{i,t-2} + \alpha_7 se_{i,t-1} + \alpha_8 se_{i,t-2} + \alpha_9 \Delta salegrowth_{i,t-1} + \\ & \alpha_{10} \Delta salegrowth_{i,t-2} + year + industry + \varepsilon_{i,t}\end{aligned} \quad \text{模型(5-1)}$$

5.3.2 描述性统计

主要变量的描述性统计见表5-3。结果表明，产品市场业绩增长$\Delta salegrowth_{i,t}$

---

① 陆正飞、韩非池："宏观经济政策如何影响公司现金持有的经济效应？——基于产品市场和资本市场两重角度的研究"，《管理世界》，2013年第6期，第43~60页。

均值 -0.27，最小值 -9.49，最大值 2.28，说明样本企业的产品市场业绩表现在不同企业具有较大的差距。财务柔性 ff_{it} 均值 0.04，最小值 -0.24，最大值 0.77，说明样本企业普遍会保持财务柔性，但不同企业的财务柔性决策差距较大。客户集中度 $customer_{i,t}$ 均值 0.28，最小值 0.03，最大值 0.92，说明样本企业与关键客户的关系型交易程度普遍较高，且不同企业的关系型交易程度有较大的差距，其他变量统计量都较为合理。

表 5-3　　主要变量的描述性统计

	样本数	均值	标准差	最小值	下四分位数	中值	上四分位数	最大值
$\Delta salegrowth_{i,t}$	4222	-0.27	1.01	-9.49	-0.27	-0.09	0.05	2.28
$ff_{i,t}$	4222	0.04	0.2	-0.24	-0.09	-0.01	0.14	0.77
$levr_{i,t}$	4222	0.08	0.12	0	0	0	0.14	0.63
$cashr_{i,t}$	4222	-0.04	0.11	-0.25	-0.11	-0.05	0.02	0.35
$customer_{i,t}$	4222	0.28	0.19	0.03	0.14	0.23	0.37	0.92
$lnasset_{i,t-1}$	4222	21.8	1.14	19.54	20.99	21.67	22.43	25.14
$lev_{i,t-1}$	4222	0.45	0.21	0.05	0.29	0.45	0.61	0.95
$lev_{i,t-2}$	4222	0.44	0.21	0.04	0.27	0.44	0.6	1
$invest_{i,t-1}$	4222	0.06	0.05	0	0.04	0.05	0.1	0.26
$invest_{i,t-2}$	4222	0.06	0.06	0	0.04	0.06	0.11	0.28
$se_{i,t-1}$	4222	0.05	0.05	0	0.01	0.03	0.05	0.3
$se_{i,t-2}$	4222	0.05	0.05	0	0.01	0.03	0.05	0.29
$\Delta salegrowth_{i,t-1}$	4222	-0.32	1.04	-9.94	-0.29	-0.1	0.05	1.8
$\Delta salegrowth_{i,t-2}$	4222	-0.35	1.05	-9.99	-0.29	-0.09	0.07	1.43

为了有效对比关系型交易程度高的企业和关系型交易程度低的企业的相关指标差异，本书按是否高于关系型交易程度均值作为标准，分为关系型交易程度高和关系型交易程度低两组，分组对选取的指标进行描述性统计和组间检验。如表 5-4 所示，关系型交易程度高的公司产品市场竞争优势 $\Delta salegrowth_{i,t}$ 的均值与中位数分别为 -0.32 和 -0.1，分别小于低关系型交易程度的公司的均值 -0.31 与中位数 -0.09；高关系型交易程度公司财务柔性 $ff_{i,t}$ 的均值与中位数分别为 0.06 与 0.01，分别显著大于关系型交易程度低的公司的均值 0.03

与中值-0.02。说明关系交易程度高的企业财务柔性更多，而市场业绩增长却更小。此外，关系型交易程度高的企业还表现出其他特征，企业规模更小，前期更低的财务杠杆水平，前期更低的资本性投资以及前期更少的销售费用等，虽然这些结论受到行业及其他因素的影响，并不具有决定性，但可以发现，关系型交易程度高的企业所储备的财务柔性并不能显著的提升其市场竞争业绩。

表5-4　样本分组描述性统计

	关系型交易程度低			关系交易程度高			组间差异	
	均值	中值	方差	均值	中值	方差	均值（t值）	中值（z值）
$\Delta salegrowth_{i,t}$	-0.31	-0.09	1.39	-0.32	-0.1	1.15	-2.71***	-1.46
$ff_{i,t}$	0.03	-0.02	0.19	0.06	0.01	0.21	-4.53***	-4.14***
$levr_{i,t}$	0.07	0	0.12	0.09	0.01	0.13	-4.41***	-4.77***
$cashr_{i,t}$	-0.04	-0.06	0.11	-0.03	-0.05	0.12	-2.97***	-2.27***
$lnasset_{i,t-1}$	21.97	21.77	1.17	21.53	21.45	1.03	12.40***	11.46***
$lev_{i,t-1}$	0.46	0.46	0.2	0.44	0.43	0.22	2.94***	3.44***
$lev_{i,t-2}$	0.45	0.46	0.21	0.43	0.42	0.22	3.36***	2.75***
$invest_{i,t-1}$	0.07	0.05	0.05	0.06	0.05	0.05	1.51	3.52***
$invest_{i,t-2}$	0.07	0.06	0.05	0.07	0.05	0.06	1.07	2.85***
$se_{i,t-1}$	0.06	0.03	0.06	0.03	0.02	0.04	14.41***	16.17***
$se_{i,t-2}$	0.05	0.03	0.06	0.03	0.02	0.04	14.13***	16.42***
$\Delta salegrowth_{i,t-1}$	-0.35	-0.09	1.5	-0.27	-0.1	1.33	-1.83*	-0.86
$\Delta salegrowth_{i,t-2}$	-0.34	-0.08	1.53	-0.36	-0.12	1.45	0.47	4.11***

注：***、**、*分别表示在1%、5%和10%水平下显著。

5.3.3　实证结果分析

（1）财务柔性决策的竞争效应。

本书采用多元回归模型检验财务柔性决策是否具有产品市场竞争效应，检验结果如表5-5所示。以行业相对产品市场增长 $\Delta salegrowth_{i,t}$ 作为被解释变量，在控制了规模 $size_{i,t}$、滞后两期的杠杆 $lev_{i,t-1}$、$lev_{i,t-2}$，滞后两期的资本性支出 $invest_{i,t-1}$、$invest_{i,t-2}$，滞后两期的销售费用 $se_{i,t-1}$、$se_{i,t-2}$ 以及滞后两期的

$\Delta salegrowth_{i,t-1}$，$\Delta salegrowth_{i,t-2}$后，第（1）列中 $ff_{i,t}$的系数在 10% 水平下均显著为正，说明企业的财务柔性决策能够提升企业行业中的相对产品市场增长业绩，这与本文的假设 H1 是基本一致的，即企业在行业中相对保持更多的财务柔性，能够为其在产品市场的发展打下基础，从而促进企业在行业中快速成长。

为了进一步探究负债融资柔性和现金柔性对产品市场竞争效应所发挥的作用，本书分别检验负债融资柔性 $levr_{i,t}$和现金柔性 $cashr_{i,t}$对产品市场竞争优势的影响效应，结果如表 5-5 所示。第（2）列中，$levr_{i,t}$的系数不显著，结果说明企业储备负债融资柔性的作用较为模糊，并不能显著提升企业行业中相对产品市场增长业绩。而第（3）列中，$cashr_{i,t}$的系数 10% 的水平下显著为正，说明企业在行业中相对储备更多的现金柔性，能够帮助其提升产品市场增长业绩，发挥超额现金持有的市场竞争效应，这一结果与弗莱萨德（2010）① 的研究发现基本一致。

表 5-5　　财务柔性与行业相对产品市场增长

	(1)	(2)	(3)
$ff_{i,t}$	0.09*		
	(1.84)		
$levr_{i,t}$		-0.07	
		(-0.35)	
$cashr_{i,t}$			0.15*
			(1.93)
$lnasset_{i,t-1}$	0.04*	0.04*	0.04*
	(1.83)	(1.82)	(1.85)
$lev_{i,t-1}$	0.43	0.45*	0.46*
	(1.62)	(1.72)	(1.79)
$lev_{i,t-2}$	-0.46*	-0.46*	-0.46*
	(-1.91)	(-1.92)	(-1.93)

① Fresard L. Financial Strength and Product Market Behaviors: the Real Effects of Corporate Cash Holdings [J]. Journal of Finance, 2010, 65: 1097-1122.

续表

	(1)	(2)	(3)
$invest_{i,t-1}$	0.42	0.43	0.42
	(0.82)	(0.85)	(0.83)
$invest_{i,t-2}$	-1.00 **	-0.97 **	-1.00 **
	(-2.05)	(-2.01)	(-2.07)
$se_{i,t-1}$	-1.15	-1.15	-1.15
	(-1.46)	(-1.46)	(-1.46)
$se_{i,t-2}$	1.14	1.14	1.16
	(1.51)	(1.51)	(1.53)
$\Delta salegrowth_{it-1}$	-0.09 ***	-0.09 ***	-0.09 ***
	(-6.71)	(-6.72)	(-6.71)
$\Delta salegrowth_{i,t-2}$	-0.12 ***	-0.12 ***	-0.11 ***
	(-7.84)	(-7.78)	(-7.79)
Intercept	-0.67	-0.67	-0.71 *
	(-1.61)	(-1.59)	(-1.67)
Year	控制	控制	控制
Industry	控制	控制	控制
N	4222	4222	4222
F	11.3	11.37	11.33
R_square	0.13	0.13	0.13

注：***、**、*分别表示在1%、5%和10%水平下显著。

（2）关系型交易对财务柔性的竞争效应的影响分析。

表5-6分样本回归结果显示了关系型交易程度如何影响财务柔性决策的市场竞争效应。本书将全样本按照是否高于关系型交易程度均值作为标准分为关系型交易程度高和关系型交易程度低的两个子样本，采用模型（5-1）进行回归。在关系型交易程度低的样本中，第（1）列中 $ff_{i,t}$ 系数在5%下显著为正，这说明当企业关系型交易程度低时，企业储备的财务柔性能够有效的发挥竞争效应，显著提升企业行业相对产品市场增长。而当关系型交易程度高的样本中，第（2）列的 $ff_{i,t}$ 系数不显著，说明当企业关系型交易程度高时，企业财务柔性决策并不能有效发挥市场竞争效应，无法提高企业行业相对产品市场增

长。这与本章的假设 H3 是一致的，即关系型交易加大了企业经营风险，加剧了企业融资约束程度，即使企业储备财务柔性，也难以把握优良的投资机会，或者为企业扩张市场战略提供充足的资金支持，因此弱化了财务柔性的市场竞争效应。这个结果支持了假设 H2。

表 5-6　　关系型交易、财务柔性与行业相对产品市场增长

	(1)	(2)
	关系型交易程度低	关系型交易程度高
$ff_{i,t}$	0.04 *	-0.22
	(1.89)	(-1.42)
$lnasset_{i,t-1}$	0.06 **	0.02
	(2.03)	(0.64)
$lev_{i,t-1}$	0.56	0.24
	(1.31)	(0.83)
$lev_{i,t-2}$	-0.49	-0.4
	(-1.31)	(-1.46)
$invest_{i,t-1}$	0.84	-0.13
	(1.19)	(-0.18)
$invest_{i,t-2}$	-1.96 ***	0.48
	(-2.80)	(0.76)
$se_{i,t-1}$	-0.93	-1.72
	(-1.02)	(-1.15)
$se_{i,t-2}$	0.7	2.49 *
	(0.81)	(1.73)
$\Delta salegrowth_{i,t-1}$	-0.09 ***	-0.10 ***
	(-5.68)	(-3.97)
$\Delta salegrowth_{i,t-2}$	-0.12 ***	-0.11 ***
	(-6.50)	(-4.46)
Intercept	-1.10 *	-0.36
	(-1.89)	(-0.57)
Year	控制	控制
Industry	控制	控制

续表

	(1)	(2)
	关系型交易程度低	关系型交易程度高
N	2598	1624
F	8.71	4.03
R_square	0.149	0.14

注：***、**、*分别表示在1%、5%和10%水平下显著。

进一步，为了探究关系型交易程度对负债融资柔性（现金柔性）的产品市场竞争效应的影响，分别检验关系型交易程度对负债融资柔性 $levr_{i,t}$（现金柔性 $cashr_{i,t}$）的产品市场竞争优势的影响效应，结果如表5-7所示。在关系型交易程度低的样本中，第（1）列中，$levr_{i,t}$的系数在10%水平下显著为正，第（2）列中，$cashr_{i,t}$的系数在10%水平下显著为正，结果说明企业储备负债融资柔性和现金柔性能够显著提升企业行业中相对产品市场增长业绩。而第（3）列中，$levr_{i,t}$的系数却不显著，第（4）列中，$cashr_{i,t}$的系数在10%的水平下显著为负，说明当关系型交易程度较高时，企业储备的负债融资柔性以及现金柔性，不能够帮助其提升产品市场增长业绩，弱化了财务柔性决策的竞争效应。这个结果进一步支持了假设H2。

表5-7 关系型交易、负债融资柔性（现金柔性）与行业相对产品市场增长

	关系型交易程度低		关系型交易程度高	
	(1)	(2)	(3)	(4)
$levr_{i,t}$	0.02*		-0.14	
	(1.85)		(-0.57)	
$cashr_{i,t}$		0.02*		-0.39*
		(1.87)		(-1.68)
$lnasset_{i,t-1}$	0.06**	0.06**	0.02	0.02
	(2.05)	(2.02)	(0.61)	(0.7)
$lev_{i,t-1}$	0.56	0.56	0.31	0.29
	(1.32)	(1.34)	(1.1)	(1.08)

续表

	关系型交易程度低		关系型交易程度高	
	(1)	(2)	(3)	(4)
$lev_{i,t-2}$	-0.49	-0.49	-0.41	-0.4
	(-1.31)	(-1.31)	(-1.52)	(-1.46)
$invest_{i,t-1}$	0.84	0.84	-0.1	-0.11
	(1.19)	(1.18)	(-0.14)	(-0.15)
$invest_{i,t-2}$	-1.96***	-1.95***	0.55	0.45
	(-2.81)	(-2.80)	(0.85)	(0.71)
$se_{i,t-1}$	-0.93	-0.93	-1.84	-1.66
	(-1.02)	(-1.02)	(-1.24)	(-1.12)
$se_{i,t-2}$	0.7	0.7	2.63*	2.49*
	(0.81)	(0.81)	(1.83)	(1.74)
$\Delta salegrowth_{i,t-1}$	-0.09***	-0.09***	-0.10***	-0.10***
	(-5.67)	(-5.68)	(-3.96)	(-3.96)
$\Delta salegrowth_{i,t-2}$	-0.12***	-0.12***	-0.11***	-0.11***
	(-6.33)	(-6.61)	(-4.44)	(-4.38)
Intercept	-1.10*	-1.09*	-0.37	-0.46
	(-1.87)	(-1.86)	(-0.58)	(-0.72)
Year	控制	控制	控制	控制
Industry	控制	控制	控制	控制
N	2598	2598	1624	1624
F	8.68	8.78	4.11	3.94
R_square	0.149	0.149	0.14	0.14

注：***、**、*分别表示在1%、5%和10%水平下显著。

5.3.4 稳健性检验

为了保证本书结论的稳健，实施了稳健性检验。第一，借鉴孙进军等(2012)[①] 的做法，用“经年度行业均值调整的营业收入自然对数的变动额”

① 孙进军、顾乃康：“现金持有量决策具有战略效应吗？——基于现金持有量的平均效应与区间效应的研究”，《商业经济与管理》，2012 年第 3 期，第 85～96 页。

来重新构造企业行业内相对产品市场业绩，发现主要结论没有显著差异。第二，由于在财务柔性决策的市场竞争效应的回归中，企业财务柔性决策可能与其产品市场增长直接相关，相关结果可能会受到内生性影响。采用两阶段工具变量法来解决内生性问题，发现结果不变。第三，考虑到企业财务柔性决策的代理成本是否会影响到企业财务柔性决策的产品市场竞争效应，在回归中加入了财务柔性的平方项，来考察企业财务柔性决策与行业相对产品市场增长之间是否存在U型或倒U型关系，这在一定程度上控制了代理成本的影响。结果发现，平方项并不显著，企业财务柔性决策与行业相对产品市场增长之间不存在U型或倒U型关系。这也可以解释财务柔性的代理成本并不直接影响企业的市场表现，而仅影响到企业的成本项目。第四，为了保证结果的可靠性，另使用面板固定效应模型进行回归，发现主要结论仍然成立，充分说明本书的结论是稳健的。

5.4 关系型交易对财务柔性决策价值效应影响的实证研究

5.4.1 研究变量及模型设计

(1) 研究样本。

本书以2008~2014年A股制造业上市公司数据为研究对象。之所以选择制造业上市公司作为研究对象，是因为制造业企业供应链上下游关系相对其他行业的企业来说更为稳定，企业更换供应商和客户的成本较高，因此，供应链关系型交易对制造业企业的影响可能更大。

为保证数据准确无误，按照以下原则对样本做了严格筛选：①由于数据涉及t+1年，所以，最终数据的时间段确认为2008~2013年。②剔除在2008~2014年任何一年中被ST的公司年数据；③剔除主要研究变量有数据缺失或存在严重问题的公司年数据；④剔除2008~2014年内行业发生变化的公司年数据。⑤剔除行业分类较为模糊的属于C99的公司年数据。财务数据来自于CSMAR数据库，关系型交易程度数据根据上市公司年报披露的“向前五大客户销售合计数占总销售额的比例”手工整理得到。为了消除异常值的影响，本书对样本进行1%和99%的缩尾处理，对所有小于1%分位数（或者大于99%的分位数）变量，其值分别等于1%分位数（或者99%分位数）。最终共获得了5007个公司年的非平衡面板数据，具体样本行业分布见表5－8。

表5－8 样本行业分布

制造业分类	2008	2009	2010	2011	2012	2013	总计
C_0 食品、饮料	35	40	51	58	74	85	343
C_1 纺织、服装、皮毛	26	28	32	42	49	56	233
C_2 木材、家具	4	5	5	6	10	11	41
C_3 造纸、印刷	13	17	23	30	35	38	156
C_4 石油、化学、塑胶、塑料	93	105	111	160	197	228	894
C_5 电子	43	48	47	80	101	142	461
C_6 金属、非金属	71	82	93	122	147	184	699
C_7 机械、设备、仪表	145	152	193	299	384	489	1662
C_8 医药、生物制品	56	59	68	92	104	139	518
总计	486	536	623	889	1101	1372	5007

（2）变量定义。

①企业市场价值。

参照杨兴全等（2008）[①]，借鉴Fama－French经典企业价值回归模型的方法，构建如下公式用以检验财务柔性决策对企业市场价值的影响：

公司资产的市场价值与账面价值之比＝(年末收盘价＊流通股股数＋每股净资产＊非流通股股数＋债务的账面价值)/资产的账面价值　　式（5－2）

将样本分为高财务柔性水平和低财务柔性水平组两个子样本，检验不同财务柔性下对企业价值的影响效应。

②企业财务柔性水平。

现有文献对财务柔性的判断有采用单一指标，如现金持有量或杠杆水平来

① 杨兴全、张照南：“制度背景、股权性质与公司持有现金价值”，《经济研究》，2008年第12期，第111～123页。

进行衡量，或者综合两者的多指标结合来衡量企业财务柔性水平。本书采取多指标结合法，将财务柔性 $ff_{i,t}$分解为负债融资柔性 $levr_{i,t}$和现金柔性 $cashr_{i,t}$两个部分，财务柔性 $ff_{i,t}$ = 现金柔性 $cashr_{i,t}$ + 负债融资柔性 $levr_{i,t}$，其中现金柔性 $cashr_{i,t}$ = 企业现金持有水平 - 行业平均现金持有水平，负债融资柔性 $levr_{i,t}$ = Max(0，行业平均负债比率 - 企业实际负债比率)。考虑到产品市场竞争中，只有当企业财务柔性程度在合理范围内超过竞争对手，才能较竞争对手获得有利的投资机会，从而获得竞争优势。因此，本书采取相对指标对企业的财务柔性进行衡量，才能客观地分析出财务柔性对企业取得竞争地位产生的效应。

③其他控制变量。

本书参考其他学者的研究，选取了息税前利润（ebit）、普通股股利（cd）、净资产（na）、利息支出（iex）作为控制变量，具体定义如表5-9所示。

表5-9　　主要变量定义

变量名	变量定义
企业市账比（$mbook_{i,t}$）	市账比 =（年末收盘价 * 流通股股数 + 每股净资产 * 非流通股股数 + 债务的账面价值）/资产的账面价值
财务柔性（$ff_{i,t}$）	财务柔性 = 现金柔性 + 负债融资柔性
关系型交易依赖度（$customer_{i,t}$）	前五大关键客户销售额占企业年销售额比例
息税前利润（$ebit_{i,t}$）	息税前利润 =（净利润 + 所得税 + 财务费用）/资产的账面价值
普通股股利（$cd_{i,t}$）	普通股股利 = 现金股利/资产的账面价值
净资产（$na_{i,t}$）	净资产 =（总资产 - 现金及其等价物）/资产的账面价值
利息支出（$iex_{i,t}$）	利息支出 = 财务费用/资产的账面价值
X在t期的变化量	$dX_t = (X_t - X_{t-1})/TA_t$
X在t+1期的变化量	$dX_{t+1} = (X_{t+1} - X_t)/TA_t$

（3）研究模型设定。

为了检验假设H3，本书参考Fama - French经典企业价值回归模型方法，构建模型（5-2）来检验财务柔性对于企业价值的影响效应。将样本分为财务柔性程度高和财务柔性程度低的两个子样本，检验不同的财务柔性水平下，财务柔性会产生怎样的价值效应。

为了检验假设H4，将样本进一步分为关系型交易程度高—高水平财务柔性、关系型交易程度高—低水平财务柔性、关系型交易程度低—高水平财务柔性、关系型交易程度低—低水平财务柔性 4 组子样本，使用模型（5－2）考察关系型交易程度对财务柔性决策的价值效应的影响。

$$(mbook)_{i,t} = \beta_0 + \beta_1 ff_{i,t} + \beta_2 dff_{i,t} + \beta_3 dff_{i,t+1} + \beta_4 ebit_{i,t} + \beta_5 debit_{i,t} + \beta_6 debit_{i,t+1} + \beta_7 dna_{i,t} + \beta_8 dna_{i,t+1} + \beta_9 iex_{i,t} + \beta_{10} diex_{i,t} + \beta_{11} diex_{i,t+1} + \beta_{12} cd_{i,t} + \beta_{13} dcd_{i,t} + \beta_{14} dcd_{i,t+1} + \beta_{15} d(mkook)_{i,t+1} + year + industry + \varepsilon_{i,t}$$

模型（5－2）

5.4.2 描述性统计

主要变量的描述性统计如表 5－10 所示，从表 5－10 中可以看出，企业的市价比 $mbook_{i,t}$均值是2.282，最小值是0.871，最大值是8.04，说明企业价值总体较合理，但在不同企业间差距较大。财务柔性 $ff_{i,t}$均值是0.086，最小值是－0.238，最大值是0.922，说明企业财务柔性总体较合理，但不同企业间差距较大。关系型交易程度 $customer_{i,t}$均值是0.289，最小值是0.036，最大值是0.235，说明关系型交易在制造业企业中较为普遍，且不同企业的关系型交易程度具有较大差异，其他变量统计量均较为合理。

表 5－10　　主要变量描述性统计

	样本数	均值	标准差	最小值	下四分位	中值	上四分位	最大值
$mbook_{i,t}$	5052	2.282	1.366	0.871	1.371	1.858	2.692	8.04
$ff_{i,t}$	5052	0.086	0.236	－0.238	－0.086	0.014	0.206	0.922
$customer_{i,t}$	5052	0.289	0.192	0.036	0.147	0.235	0.382	0.914
$dff_{i,t}$	5052	－0.047	0.145	－0.722	－0.109	－0.027	0.032	0.337
$dff_{i,t+1}$	5052	－0.021	0.137	－0.527	－0.082	－0.011	0.041	0.487
$ebit_{i,t}$	5052	0.06	0.057	－0.13	0.03	0.053	0.084	0.252
$debit_{i,t}$	5052	0.003	0.049	－0.198	－0.016	0.004	0.023	0.165
$debit_{i,t+1}$	5052	0.009	0.051	－0.154	－0.012	0.006	0.028	0.207
$dna_{i,t}$	5052	0.117	0.135	－0.279	0.035	0.113	0.193	0.522
$dna_{i,t-1}$	5052	0.151	0.212	－0.225	0.029	0.116	0.219	1.255
$iex_{i,t}$	5052	0.009	0.013	－0.018	－0.001	0.008	0.017	0.041

续表

	样本数	均值	标准差	最小值	下四分位	中值	上四分位	最大值
$diex_{i,t}$	5052	0.001	0.006	-0.018	-0.002	0.001	0.004	0.018
$diex_{i,t+1}$	5052	0.002	0.006	-0.017	-0.002	0.001	0.005	0.021
$cd_{i,t}$	5052	0.026	0.017	0	0.015	0.023	0.033	0.098
$dcd_{i,t}$	5052	0.004	0.015	-0.041	-0.003	0.003	0.01	0.057
$dcd_{i,t+1}$	5052	0.002	0.015	-0.046	-0.004	0.002	0.009	0.056
$dmbook_{i,t+1}$	5052	0.092	0.953	-3.108	-0.284	0.052	0.471	3.282

本书还按照关系型交易程度对样本进行了描述性统计及组间检验，具体见表5-11。分组检验显示，关系型交易程度高的企业市价比$mbook_{i,t,}$均值2.426和中位数1.984高于关系型交易程度低的均值2.19和1.797。此外，关系型交易程度高的企业其财务柔性更高，息税前利润更高，净资产前后年度变化幅度更大，利息支出更少，现金股利支出更少。虽然这些受到行业分布及其他因素的影响，但仍可以看出关系型交易程度高的企业储备财务柔性会更多。

表5-11　　　　样本分组描述性统计

	关系型交易程度低			关系型交易程度高			组间差异	
	均值	中位数	标准差	均值	中位数	标准差	t值	z值
$mbook_{i,t}$	2.19	1.797	1.304	2.426	1.984	1.446	-6.022***	-7.26***
$ff_{i,t}$	0.069	0.003	0.222	0.112	0.043	0.254	-6.406***	-5.449***
$ebit_{i,t}$	0.062	0.055	0.056	0.055	0.051	0.058	4.41***	3.786***
$dna_{i,t}$	0.114	0.11	0.127	0.121	0.117	0.147	-1.579	-1.83*
$iex_{i,t}$	0.009	0.008	0.012	0.008	0.007	0.013	2.696***	3.115***
$cd_{i,t}$	0.027	0.024	0.017	0.025	0.022	0.018	3.918***	4.98***

注：***、*分别表示在1%和10%水平下显著。

5.4.3　实证结果分析

(1) 企业财务柔性决策的价值效应。

本书采用Fama-French经典企业价值回归模型，考察企业的财务柔性决策的价值效应。表5－12分析了不同财务柔性水平的企业，其财务柔性决策与企业价值之间的关系。从第（1）列全样本回归的结果可以看出，财务柔性 $ff_{i,t}$ 与市价比 $mbook_{i,t}$ 呈显著的正相关关系，且 $ff_{i,t}$ 的系数是0.92，说明企业每储备1元财务柔性可以平均为企业带来0.92元的边际价值。而该数值小于1，说明企业储备财务柔性缺乏盈利性，难以为企业带来价值的增值。接着，按照是否大于财务柔性均值作为标准，将高于财务柔性均值的样本划分为高财务柔性样本组，将低于财务柔性均值的样本划分为低财务柔性样本组分别进行回归。结果显示，第（2）列高财务柔性样本组中，财务柔性 $ff_{i,t}$ 的系数在1%水平上显著为正，并且系数大于1，说明当企业财务状况良好时，企业储备更多的财务柔性更能帮助其获得更好的市场投资机会，促使其在产品竞争市场上有更好的表现，从而有利于给企业带来市场价值的增值效应。而第（3）列低财务柔性样本组中，财务柔性 $ff_{i,t}$ 的系数不显著，说明企业储备较少的财务柔性并不能给企业带来价值效应。这或许因为企业本身面临融资约束程度较大或者企业风险较大而导致财务柔性水平不高，而少量的财务柔性很难在市场竞争中发挥战略效应，因此较少的财务柔性难以给企业带来价值效应，这些结果与假设H3相一致。

表5－12　财务柔性决策的价值效应

	(1)	(2)	(3)
	全样本	全样本高柔性	全样本低柔性
$ff_{i,t}$	0.92***	1.01***	0.21
	(8.95)	(5.91)	(0.79)
$dff_{i,t}$	-0.77***	-0.33**	-1.10***
	(-6.52)	(-1.97)	(-6.85)
$dff_{i,t+1}$	0.33**	0.22	0.59***
	(2.28)	(1.03)	(3)
$ebit_{i,t}$	7.62***	11.48***	4.54***
	(12.7)	(11.44)	(6.49)
$debit_{i,t}$	-0.9	-0.4	-0.83
	(-1.55)	(-0.38)	(-1.23)
$debit_{i,t+1}$	4.81***	5.87***	3.45***
	(10.97)	(8.09)	(6.6)

续表

	(1)	(2)	(3)
	全样本	全样本高柔性	全样本低柔性
$dna_{i,t}$	-0.56***	0.26	-0.70***
	(-3.67)	(1.06)	(-3.72)
$dna_{i,t+1}$	0.25***	0.47**	0.21**
	(2.6)	(2.46)	(2.11)
$iex_{i,t}$	-7.89***	-9.43**	-8.13***
	(-3.62)	(-2.16)	(-3.02)
$diex_{i,t}$	8.85***	9.57	4.13
	(2.75)	(1.6)	(1.05)
$diex_{i,t+1}$	-6.61**	-5.78	-6.25*
	(-2.29)	(-1.02)	(-1.91)
$cd_{i,t}$	-3.26**	-6.24***	-3.17
	(-2.03)	(-2.73)	(-1.33)
$dcd_{i,t}$	1.39	1.26	1.83
	(1.01)	(0.67)	(0.96)
$dcd_{i,t+1}$	-0.04	-3.35*	0
	(-0.02)	(-1.66)	(0.00)
$dmbook_{i,t+1}$	-0.36***	-0.28***	-0.41***
	(-9.72)	(-5.80)	(-7.35)
Intercept	1.14***	0.40*	1.84***
	(7.21)	(1.67)	(9.21)
Year	控制	控制	控制
Industry	控制	控制	控制
N	5052	1842	3210
F	80.9	45.94	39.35
R_square	0.44	0.31	0.57

注：***、**、*分别表示在1%、5%和10%水平下显著。

（2）关系型交易对财务柔性决策的价值效应的影响。

对于关系型交易如何影响财务柔性决策的价值效应，按照关系型交易程度高—财务柔性水平高、关系型交易程度高—财务柔性水平低、关系型交易程度低—财务柔性水平高、关系型交易程度低—财务柔性水平低 4 组子样本分别采用模型（5-2）进行回归，结果支持了假设 H4，详见表 5-13。第（1）列中，关系高—柔性高样本组中，财务柔性 $ff_{i,t}$ 系数在 1% 水平上显著为正，且系数是 0.7，说明关系交易程度高的企业，每储备 1 元财务柔性可以平均为企业贡献 0.7 元的边际价值。这也说明对于关系程度高的企业，财务柔性决策虽与企业价值显著正相关，但仍难以为企业带来价值的增值效应。而第（3）列中，关系低—柔性高样本组中，财务柔性 $ff_{i,t}$ 的系数在 1% 水平上显著为正，且系数大于 1，说明当企业不依赖关系型交易时，其储备的财务柔性更能够在市场竞争中发挥战略作用，帮助企业把握住更有利的投资机会，从而为企业带来更多的价值增值。而第（2）列关系高—柔性低和第（4）列关系低—柔性低样本组中，财务柔性 $ff_{i,t}$ 的系数均不显著，说明无论企业是否依赖关系型交易，企业低的财务柔性储备都不能缓解企业融资约束、发挥市场竞争的战略作用，无法给企业带来显著的边际价值。

表 5-13　关系型交易、财务柔性与市场价值

	(1)	(2)	(3)	(4)
	关系高-柔性高	关系高-柔性低	关系低-柔性高	关系低-柔性低
$ff_{i,t}$	0.70***	0.02	1.16***	0.22
	(3.07)	(0.03)	(4.84)	(0.84)
$dff_{i,t}$	-0.25	-0.68***	-0.31	-1.20***
	(-1.02)	(-2.67)	(-1.37)	(-5.93)
$dff_{i,t+1}$	0.15	1.20***	0.25	0.03
	(0.48)	(3.53)	(0.94)	(0.14)
$ebit_{i,t}$	12.09***	2.72**	10.66***	6.12***
	(8.17)	(2.35)	(8.13)	(7.73)
$debit_{i,t}$	-0.49	-1.57	-0.04	-0.29
	(-0.27)	(-1.52)	(-0.03)	(-0.37)
$debit_{i,t+1}$	5.53***	1.75**	6.15***	4.82***
	(5.17)	(2.11)	(6.54)	(7.97)
$dna_{i,t}$	-0.23	-0.67**	0.66**	-0.70***
	(-0.58)	(-2.13)	(2.15)	(-3.28)

续表

	(1)	(2)	(3)	(4)
	关系高－柔性高	关系高－柔性低	关系低－柔性高	关系低－柔性低
$dna_{i,t+1}$	0.46 *	0.31 *	0.36	0.05
	(1.79)	(1.96)	(1.47)	(0.43)
$iex_{i,t}$	－8.29	－15.60 ***	－12.07 *	－5.16 *
	(－1.39)	(－2.84)	(－1.93)	(－1.89)
$diex_{i,t}$	12.82	10.82	10.42	0.02
	(1.4)	(1.53)	(1.49)	(0)
$diex_{i,t+1}$	－1.66	－8.42	－9.88	－3.07
	(－0.23)	(－1.45)	(－1.19)	(－0.89)
$cd_{i,t}$	－12.77 ***	－2.38	－2.82	－4.13 *
	(－3.38)	(－0.52)	(－1.03)	(－1.66)
$dcd_{i,t}$	1.61	1.97	1.95	1.62
	(0.57)	(0.6)	(0.78)	(0.73)
$dcd_{i,t+1}$	－9.22 ***	1.38	－0.16	－1.65
	(－2.90)	(0.41)	(－0.06)	(－0.68)
$dmbook_{i,t+1}$	－0.27 ***	－0.48 ***	－0.33 ***	－0.33 ***
	(－4.05)	(－5.60)	(－4.91)	(－5.05)
Intercept	0.6	2.61 ***	0.4	1.40 ***
	(1.64)	(7.01)	(1.24)	(6.65)
Year	控制	控制	控制	控制
Industry	控制	控制	控制	控制
N	813	1151	1029	2059
F	20.74	15.64	33.94	30.91
R_square	0.51	0.38	0.55	0.41

注：***、**、*分别表示在1%、5%和10%水平下显著。

（3）关系型交易是否通过财务柔性决策的竞争效应影响价值效应。

之前本书检验了关系型交易程度对企业财务柔性决策的竞争效应以及价值效应的影响，发现企业对关系型交易的依赖性越强，其财务柔性决策的市场竞争效应越会被弱化。此外，对关系型交易依赖程度较高的企业，财务柔性决策虽与企业价值显著正相关，但仍难以为企业带来价值的增值效应。只有关系型交易程度低且财务柔性水平高的企业，其储备的财务柔性才能为企业带来边际价值的增加。但是，对于财务柔性的价值效应是否会通过市场竞争来实现，关系型交易是否会通过影响财务柔性的竞争效应从而影响其价值效应，目前对于该问题缺乏实证上的检验，因此，有必要对该问题进一步进行实证检验。

接着，本书检验企业相对行业的高成长性是否会影响到企业价值，并且关系型交易程度对此有什么样的影响效应。为此，定义一个虚拟变量 $hgrowth_{i,t}$，当企业产品市场增长率高于行业平均水平时，也意味着企业在市场行业竞争中处于优势地位，此时 $hgrowth_{i,t}$ 即为 1，否则为 0。进一步，在模型（5-2）的基础上加入 $hgrowth_{i,t}$ 与 $ff_{i,t}$ 的交互项进行回归，用以检验企业市场竞争优势是否影响财务柔性的价值效应。回归结果如表 5-14 所示，第（1）列全样本以及

表 5-14　　市场竞争优势对财务柔性的价值效应的影响

	(1)	(2)	(3)	(4)	(5)	(6)	(7)
	全样本	柔性多	柔性少	关系高-柔性高	关系高-柔性低	关系低-柔性高	关系低-柔性低
$ff_{i,t}$	0.69***	0.76***	0.23	0.45*	0.1	0.96***	0.12
	(6.27)	(4.02)	(0.74)	(1.75)	(0.16)	(3.57)	(0.39)
$ff_{i,t}*hgrowth_{i,t}$	0.62***	0.61**	-0.06	0.64*	-0.17	0.52	0.32
	(4.38)	(2.36)	(-0.13)	(1.87)	(-0.20)	(1.39)	(0.66)
$hgrowth_{i,t}$	0.06*	-0.05	0.07	-0.13	0.09	0.02	0.06
	(1.75)	(-0.45)	(1.48)	(-0.81)	(0.99)	(0.14)	(1.07)
$dff_{i,t}$	-0.74***	-0.31*	-1.10***	-0.22	-0.67***	-0.3	-1.20***
	(-6.38)	(-1.89)	(-6.82)	(-0.90)	(-2.64)	(-1.38)	(-5.94)
$dff_{i,t+1}$	0.38***	0.27	0.60***	0.19	1.19***	0.29	0.04
	(2.66)	(1.26)	(3.05)	(0.62)	(3.51)	(1.1)	(0.19)
$ebit_{i,t}$	7.47***	11.25***	4.46***	11.94***	2.63**	10.37***	6.11***
	(12.61)	(11.34)	(6.39)	(8.18)	(2.29)	(7.87)	(7.71)
$debit_{i,t}$	-1.15*	-0.78	-0.95	-0.81	-1.72	-0.4	-0.36
	(-1.94)	(-0.71)	(-1.38)	(-0.42)	(-1.64)	(-0.36)	(-0.45)
$debit_{i,t+1}$	4.63***	5.69***	3.40***	5.42***	1.70**	5.94***	4.79***
	(10.59)	(7.73)	(6.49)	(4.99)	(2.05)	(6.27)	(7.92)

续表

	(1)	(2)	(3)	(4)	(5)	(6)	(7)
	全样本	柔性多	柔性少	关系高－柔性高	关系高－柔性低	关系低－柔性高	关系低－柔性低
$dna_{i,t}$	-0.60***	0.19	-0.73***	-0.25	-0.71**	0.55*	-0.72***
	(-3.89)	(0.76)	(-3.83)	(-0.63)	(-2.21)	(1.81)	(-3.35)
$dna_{i,t+1}$	0.26***	0.49***	0.21**	0.48*	0.31*	0.36	0.05
	(2.78)	(2.58)	(2.08)	(1.89)	(1.93)	(1.49)	(0.43)
$iex_{i,t}$	-8.29***	-9.74**	-8.15***	-9.08	-15.53***	-11.96*	-5.19*
	(-3.82)	(-2.24)	(-3.03)	(-1.52)	(-2.82)	(-1.95)	(-1.90)
$diex_{i,t}$	8.58***	9	3.55	13.59	9.7	8.33	-0.14
	(2.66)	(1.51)	(0.89)	(1.49)	(1.34)	(1.2)	(-0.03)
$diex_{i,t+1}$	-6.72**	-6.33	-6.37*	-2.33	-8.7	-9.79	-2.97
	(-2.33)	(-1.13)	(-1.95)	(-0.32)	(-1.50)	(-1.20)	(-0.86)
$cd_{i,t}$	-2.88*	-5.75**	-2.95	-12.27***	-2.24	-2.24	-4.02
	(-1.82)	(-2.55)	(-1.24)	(-3.33)	(-0.49)	(-0.80)	(-1.62)
$dcd_{i,t}$	1.11	1.02	1.61	1.65	1.81	1.44	1.49
	(0.81)	(0.54)	(0.85)	(0.58)	(0.56)	(0.58)	(0.68)
$dcd_{i,t+1}$	-0.27	-3.43*	0.07	-8.93***	1.45	-0.48	-1.63
	(-0.19)	(-1.70)	(0.04)	(-2.78)	(0.43)	(-0.19)	(-0.68)
$dmbook_{i,t+1}$	-0.36***	-0.28***	-0.41***	-0.27***	-0.48***	-0.34***	-0.33***
	(-9.83)	(-5.88)	(-7.35)	(-4.07)	(-5.61)	(-4.99)	(-5.03)
Intercept	1.08***	0.38	1.82***	0.59	2.55***	0.33	1.39***
	(6.8)	(1.55)	(9.19)	(1.59)	(6.82)	(1.02)	(6.58)
Year	控制	控制	控制	控制	控制	控制	控制
Industry	控制	控制	控制	控制	控制	控制	控制
N	5052	1842	3210	813	1151	1029	2059
F	77.94	44.6	37.07	19.9	15.27	33.75	28.92
R_square	0.45	0.52	0.37	0.51	0.38	0.55	0.41

注：***、**、*分别表示在1%、5%和10%水平下显著。

第（2）列财务柔性程度高的分组样本中，$hgrowth_{i,t}$与 $ff_{i,t}$的交互项在 1% 水平上显著为正，第（3）列财务柔性程度低的分组样本中，$hgrowth_{i,t}$与 $ff_{i,t}$的交互项不显著，这说明企业的财务柔性决策能够通过产品市场的竞争优势的发挥来进一步提升企业价值。第（4）列关系高—柔性高的 $hgrowth_{i,t}$与 $ff_{i,t}$的交互项在 10% 水平下显著为正，第（5）（6）（7）列关系高—柔性低、关系低—柔性高以及关系低—柔性低的 $hgrowth_{i,t}$与 $ff_{i,t}$的交互项均不显著，说明当企业具有较强的市场竞争力时，企业一方面会受到更多的关注，降低了企业在市场中寻找新的交易伙伴的成本，提高了企业分散来自供应商、客户的风险的能力，另一方面，其对供应商、客户也变得越来越重要，供应商、客户与其的合作意愿也加强，会做出一定的让步，二者更可能形成稳定的合作关系。此时，企业凭借储备的财务柔性更能获得产品市场的高速成长，从而进一步提升企业价值。因此，关系型交易只有在企业产品市场竞争力较强的条件下，才能够促进财务柔性的价值效应。

5.4.4 稳健性检验

为了确保结论的稳健性，本书实施了多项稳健性检验。首先，考虑到相关结果可能会受到内生性影响，采用两阶段工具变量法来解决内生性问题，发现结果不变。其次，考虑到企业财务柔性决策的代理成本是否会影响到企业财务柔性决策的价值效应，在回归中加入了财务柔性的平方项，来考察企业财务柔性决策与企业价值之间是否存在 U 型或倒 U 型关系，这在一定程度上控制了代理成本的影响。结果发现，平方项并不显著，企业财务柔性决策与行业相对产品市场增长之间不存在 U 型或倒 U 型关系。再次，为了保证结果的可靠性，本书另使用面板固定效应模型等对样本数据进行回归，主要结论依然成立。这些都充分说明本书的结论是稳健的。

5.5 本章小结

本章以 A 股制造业上市公司为研究对象，首先，借鉴了弗莱萨德（2010）[①]

① Fresard L. Financial Strength and Product Market Behaviors：the Real Effects of Corporate Cash Holdings [J]. Journal of Finance，2010，65：1097 - 1122.

的方法，考察企业的财务柔性水平对行业相对营业收入的增长的影响效应。研究发现，企业储备更多的财务柔性，能够促进企业在产品市场业绩的增长。进一步，考察关系型交易如何影响企业的财务柔性决策的竞争效应后，发现企业对关系型交易的依赖会弱化企业财务柔性决策的竞争效应。其次，借鉴法码（Fama）和弗伦奇（French）经典价值回归方法，考察企业财务柔性决策对企业市场价值的影响。研究发现，企业储备更多的财务柔性能够提升企业市场价值。进一步考察关系型交易如何影响财务柔性决策的价值效应后，发现对于关系型交易程度高的企业，财务柔性决策虽与企业价值正相关，但仍难以为企业带来价值的增值效应。而当企业关系型交易程度低时，其储备的财务柔性更能够在市场竞争中发挥战略作用，帮助企业把握住更有利的投资机会，从而为企业带来更多的价值增值。而当企业储备较少的财务柔性时，无论企业是否依赖关系型交易，都无法给企业带来显著的边际价值。再次，本书在上述研究的基础上，检验财务柔性的价值效应是否通过市场竞争效应来实现，关系型交易是否会通过影响财务柔性的竞争效应而影响其价值效应后，发现企业凭借其储备的财务柔性，能够获得产品市场的竞争优势，从而提升企业的价值效应。而在企业产品市场竞争力较强的条件下，关系型交易程度高反而有利于促进财务柔性决策的价值效应。

本章的研究具有重要的理论与现实意义。首先，将企业间的关系型交易与企业的财务行为的经济后果相结合，有利于企业管理者更好地理解关系型交易对企业的影响效应，为研究商业关系网络与企业的互动拓宽了思路，也有利于企业更好地调整自身的财务策略，更好地发挥商业关系资本的作用，规避和管理企业间的关系风险。其次，本章的研究结果有助于拓展对于财务柔性决策竞争效应和价值效应实现条件的理解，丰富了财务柔性决策的经济后果的研究文献，为企业管理者优化财务柔性策略，明确财务柔性战略方向，进一步提升企业产品市场竞争力，为股东创造价值提供政策参考。

第 6 章

关系型交易与财务柔性决策关系的外部制度因素调节效应

通过前几章依次分析了企业与关键客户之间的关系型交易对财务柔性决策的影响效应以及关系型交易对财务柔性决策的经济后果的影响，发现企业的关系型交易程度越高，企业往往会出于承诺性动机和预防性动机而储备更多的财务柔性。但同时发现，随着关系型交易程度的增加，反而会弱化企业财务柔性决策的竞争效应和价值效应，说明企业基于关系型交易而保持财务柔性的决策会损失效率，是具有负面效应的。本章将从外部制度环境因素对关系型交易与财务柔性决策二者关系的调节效应进行研究。

6.1 问题的提出

制度经济学理论认为，制度是决定经济主体行为的重要因素，也是推动经济发展的根本原因，制度环境是探究企业相关问题的重要研究基础。制度环境由各种规则和条件组成，单个主体通过遵守这些规则条件而获得合法性。威廉姆森（2000）[①] 进一步提出，制度环境包括四个层面：一是通过政治、法律等建立起来的正规制度，产权是其中最重要的要素；二是渗入制

① Williamson O E. The New Institutional Economics: Taking Stock, Looking Ahead [J]. Journal of Economic Literature, 2000, 38 (3): 595 - 613.

度、社会和文化的非正式规则；三是执行和监督等治理机制，强调对合约关系的监督；四是短期资源分配制度。已有文献发现企业所处的制度环境会影响到企业的会计以及财务行为。如科恩（Cohen，2008）① 发现良好的法律环境会影响到企业盈余管理方式的选择，并有利于抑制企业的盈余管理；马连福、曹春方（2011）② 研究制度环境对 IPO 募集资金投向变更行为的影响效应。刘启亮等（2012）③ 发现从产权性质等制度环境角度研究对企业内部控制的影响效应。姜英兵、严婷（2012）④ 研究制度环境对会计准则执行的影响效应。刘慧龙、吴联生（2014）⑤ 提出制度环境和税收竞争在地区竞争中的作用。罗进辉、杜兴强（2014）⑥ 提出制度环境和新闻媒体这两种外部治理机制对股价崩盘风险的影响。在我国特殊的制度环境下，不同产权性质的企业在市场准入、资源配置、融资渠道等诸多方面存在差别化待遇。同时，各地区的资源禀赋、地理位置以及市场化进程有所不同，使得各地区的企业经营环境也存在较大的差异。制度环境的差异使得市场机制发挥作用的程度不同，进而影响到企业对关系型契约的依赖程度，那么，这些是否又会影响到财务柔性决策在协调关系型交易过程中作用的发挥？基于此，本书采用制造业上市公司 4958 个面板数据为样本，站在供应商企业的角度，探讨我国特殊的产权性质和地区制度环境背景下，关系型交易如何影响企业财务柔性决策的重要问题，有利于正确认识经济转型过程中制度环境在经济发展中所发挥的作用，为政府更好地完善制度环境提出理论基础和经验证据。

---

① Cohen，Daniel A，Dey，et al. Real and Accrual – Based Earnings Management in the Pre-and Post – Sarbanes – Oxley Periods［J］. Accounting Review，2008，83（3）：757 – 787.

② 马连福、曹春方：“制度环境、地方政府干预、公司治理与 IPO 募集资金投向变更”，《管理世界》，2011 年第 5 期，第 127 ~ 139 页、第 148 页、第 188 页。

③ 刘启亮、罗乐、何威风、陈汉文：“产权性质、制度环境与内部控制”，《会计研究》，2012 年第 3 期，第 52 ~ 61 页、第 95 页。

④ 姜英兵、严婷：“制度环境对会计准则执行的影响研究”，《会计研究》，2012 年第 4 期，第 69 ~ 78 页、第 95 页。

⑤ 刘慧龙、吴联生：“制度环境、所有权性质与企业实际税率”，《管理世界》，2014 年第 4 期，第 42 ~ 52 页。

⑥ 罗进辉、杜兴强：“媒体报道、制度环境与股价崩盘风险”，《会计研究》，2014 年第 9 期，第 53 ~ 59 页、第 97 页。

6.2 理论分析与研究假设

6.2.1 产权性质、关系型交易与财务柔性决策

我国目前正处于经济转轨时期，市场机制也处于发育初期，特殊的制度背景对企业的经营决策以及财务行为产生重要的影响。在社会公信力、市场竞争环境，信贷政策、税收优惠等多方面，国有企业和非国有企业仍存在显著差异。国有企业由于其社会公信力较高、投融资环境较好，加之政府政策上的大力支持，更易于获得相对畅通的投融资渠道，更加多元化的分销途径。而非国有企业由于社会公信力不足，投融资环境受限导致其在市场竞争中很难取得优势。此外，非国有企业由于受到银行的信贷限制较多，加之社会公信力相对不足，导致其融资渠道狭窄，融资成本过高，融资约束程度普遍高于国有企业。

在一个低效的市场机制下，非国有企业在面临强势的供应商和客户时，想通过市场寻找新的交易对手的成本是很高的，甚至是无法实现的，这会导致非国有企业更倾向于建立关系型契约，希望和供应商、客户维持一种良好的合作。而国有企业拥有更多的资源，一定程度上国有企业就是政府的延伸，其对市场机制依赖程度低，因而市场环境对国有企业的影响较小。这种差异也会导致国有企业和非国有企业与供应商、客户的关系有所不同，进而对公司风险造成不同的影响，因此其财务柔性储备的动机强烈程度也不同。

国家的信贷政策、税收优惠往往会偏向于国有企业，非国有企业与国有企业的地位不平等。国有企业具有政府支持，具有资源的天然优势，占据着国家经济的命脉行业，一般在行业中处于重要地位，而管理上政府参与度较高。因此，国有企业具有政府背景，拥有更多的资源和渠道，面对强势的供应商和客户，国企有更多替代性的渠道和多元化的选择，可以通过转移战略有效地分散来自供应商、客户的风险。非国有企业更多地依赖市场化运作，面临着信贷限制、行业限制等诸多困境。在我国，由于市场化程度低导致了通过市场途径获取生产要素、寻求交易伙伴的成本上升，因此，当面临强势的供应商和客户

时，非国有企业往往无法通过市场手段有效获取资源或者寻找替代性机制，只能被动地接受供应商和客户转移的成本和风险。因此，可以认为，相对国有企业而言，非国有企业基于关系型交易而储备财务柔性的动机更加强烈，由此提出假设1：

H1：相对国有企业而言，非国有企业的关系型交易程度与财务柔性的正向关系更加显著。

6.2.2 地区制度环境、关系型交易与财务柔性决策

制度的差异是造成国家和地区间经济增长差异的根本原因。制度决定了核心经济要素的激励结构，对经济社会中各项资源的分配产生重要的影响，对地区经济发展具有举足轻重的作用。一般认为，完善的制度环境应具有健全的法制环境、高效率的政府治理环境以及完善的市场机制。改革开放以来，各地的市场化进程取得了长足发展，但目前仍处于转轨加新兴市场的经济阶段，其中明显的特征是市场力量和行政力量同时作用于国民经济。由于各地区改革的进程不同，这两种力量对各地区市场化程度的影响有所不同，进而导致上市公司的外部制度环境在各省之间存在较大的差异（王小鲁等，2013）[①]。东部沿海区域市场化程度较高，外部制度环境较好。而中部和西部部分地区，非市场因素在经济发展中仍占据重要地位，因此形成了东部地区制度环境优于中部、西部，而中部地区制度环境又好于西部地区的不平衡局面。地区制度环境不仅影响着区域经济发展、政府运作效率、产品和要素市场的竞争程度、资源配置效率，而且还作用于区域内的企业经营管理行为与企业绩效。

首先，在政府干预较多的地区，对国有企业而言，所受政府干预的程度远远高于非国有企业，政府通过行政干预以及金融支持等为国有企业提供大量的资源以及投资机会，进一步提高国有企业的市场竞争力。但与此同时，国有企业也在过度承担着政府政策性的任务，给企业带来沉重的负担。可以看出，国有企业受到了政府“支持之手”和“掠夺之手”共同作用。而非国有企业在资源配置、投资机会等多方面不占优势，通过市场获取资源的成本以及公司之

① 王小鲁、余静文、樊纲：《中国分省企业经营环境指数2013年报告》，中信出版社2013年版。

间的交易成本均较高，很难实现公平交易，因而更加依赖于关系型交易。而在政府干预较少的地区，地方保护主义及市场准入歧视性限制较少，政府干预更早地从企业中抽离，较少参与企业经营以及银行借贷等活动，更好地发挥促进市场发育、维护公平竞争的职能。市场机制可以有效地约束公司之间的机会主义行为，有利于降低交易成本，更多地实现市场公平交易。因此，政府减少不必要的干预，对国有企业而言有利有弊，而对非国有企业而言，则有利于促进其市场公平竞争，降低对于关系型交易的依赖程度。

其次，金融环境是影响企业经营发展的重要因素。在我国“新兴 + 转轨”的制度背景下，金融发展的地区间不平衡以及信贷结构性矛盾普遍存在（李扬、张涛，2009）①，对企业的经营发展具有较大的影响。就国有企业而言，目前国有企业上市公司大多由国有企业改制而来，与银行有着密切联系，再加上政府背景的隐形担保，更易于获得正规金融机构的资金且较少的付出额外费用，其融资约束普遍低于非国有企业，所受地区间金融环境的差异影响程度较小。因此，各地区的国有企业即使面临强势的供应商、客户，其凭借畅通的融资渠道、较低的融资成本都能够增强其分散关系风险的能力。而非国有企业从正规金融机构获取贷款的难度大，更多依赖于民间融资渠道且融资成本较高，普遍受到较大的融资约束。罗党论等（2007）② 发现在金融发展落后的地区，非国有企业的融资约束程度更加严重。因此，非国有企业受地区金融环境的差异影响较为显著，金融服务越完善的地区，非国有企业融资渠道会越畅通，融资成本会更低，融资约束程度显著更低，其分散关系型交易风险的能力会显著提高。

再次，诚信环境是影响我国企业经营的又一重要因素。诚信环境良好与否体现在信用关系相联结的市场中生产、交换、分配、消费等环节的信用契约履行状况。良好的诚信环境能够促进市场经济有序发展，保证经济交易行为的实现。目前我国整体经济处于工业化初期经济起飞阶段，经济体制处于转轨时期，特殊的历史时期造成了我国呈现整体诚信环境不佳，且地区间差异较大的状态。诚信环境良好的地区，经济主体间易形成诚实守信的信用氛围，从而增强企业间风险共担、共同发展的商业道德意识。企业普遍具有法律意识，重视

① 李扬、张涛：《中国地区金融生态环境评价（2008～2009）》，中国金融出版社 2009 年版。

② 罗党论、唐清泉：“政府控制、银企关系与企业担保行为研究——来自中国上市公司的经验证据”，《金融研究》，2007 年第 3 期，第 151～161 页。

自身的信用管理，关系专用性投资程度普遍较高，而市场能够对公司的行为和声誉做出激烈的回应，通过市场机制可以有效地约束公司之间的机会主义行为，有利于降低交易成本。这不仅会降低企业对关系型契约的依赖，而且还有利于降低企业间的关系风险，因此，无论是国有企业还是非国有企业都受到积极的影响。而诚信环境较差的地区，经济主体之间缺乏诚实守信的信用氛围，企业普遍缺乏法制观点，不重视自身的声誉和信用，企业的机会主义行为较为普遍，而企业间关系专用性投资较为缺乏。同时由于市场机制的不完善以及外在保障机制的滞后，使得失信者得不到应有的惩罚，进一步降低了企业间的失信成本较低，而导致企业的交易成本较高。这不仅会加剧企业对关系型契约的依赖，而且进一步加剧了企业间的关系风险，尤其对非国有企业来说，其负面效应会更大。

最后，法律环境是影响企业的经营活动的重要因素。虽然在国家层面上企业面临大致相同的法律环境，但不同的地区之间法律环境依然存在较大的区别（樊纲，2012）[①]。首先，具有良好法制环境的地区，通常都具有较强的法律执行力，企业的权益通过司法程序能够得到有效的保护，同时由于法律的约束性，企业的机会主义行为也受到法律上的约束，进一步增加经济主体的违约成本。如果一个地区法制越健全，那么企业违约受到惩罚的概率会越高，做出的惩罚判决也会得到有效的执行。因此，在法制环境好的地区，法制对经济主体的威慑力和约束力相对较强。其次，法制环境好的地区，其市场化程度和信息透明度都可能更好，违约失信的行为更易于被曝光，市场对企业声誉的反应程度会强烈。因此，在法制程度好的地区，市场和媒体对经济主体的约束力更强。此外，在法制环境好的地区，企业的法律意识和维权意识会更强，企业在处理关系型契约时会更加谨慎，当关系风险发生时，企业也更能够使用法律作为武器来维护自身利益。因此，在法制环境好的地区，无论是国企还是非国企，其关系型契约都可以得到相对更多的保护，其合法权益都能够得到有效的保障，其关系风险能够得到进一步降低。

综上所述，本书认为，完善的制度环境能够更有效的保障非国有企业的市场权益，使其获取更公平的资源配置，降低企业的交易成本，提高其市场竞争地位，因此在制度环境良好的地区，非国有企业因关系型交易而储备财务柔性

① 樊纲："中国经济的软着陆与政策调整"，《金融市场研究》，2012年第4期，第21~26页。

的动机会进一步弱化。而对国有企业而言，受益于国家的优惠政策，受地区制度环境的影响较小，因此制度环境的完善与否，对国有企业因关系型交易而储备财务柔性的动机影响不明显。基于以上分析，本章提出假设 H2：

H2a：政府干预越少的地区，非国有企业因关系型交易而储备财务柔性的动机显著降低，而国有企业该动机变化不明显。

H2b：法律环境越好的地区，非国有企业因关系型交易而储备财务柔性的动机显著降低，而国有企业该动机变化不明显。

H2c：金融环境越发达的地区，非国有企业因关系型交易而储备财务柔性的动机显著降低，而国有企业该动机变化不明显。

H2d：诚信环境越好的地区，非国有企业因关系型交易而储备财务柔性的动机显著降低，而国有企业该动机变化不明显。

6.3 数据选取与研究设计

6.3.1 数据选取

本章以 2008 ~2012 年 A 股制造业上市公司 4958 个面板数据作为研究样本。之所以选择制造业企业为研究样本，是因为制造业企业更换供应商和客户的成本较高，易形成较为稳定集中的供应链关系，因此供应链关系型交易较为普遍，对制造业企业影响较大。

为保证数据的准确性，根据以下原则对数据做了严格筛选：（1）剔除在数据选取期间任何一年中被 ST 的公司年数据；（2）剔除五年中财务数据有重大疏漏和严重问题的公司年数据；（3）剔除五年间所属行业发生变化的公司年数据，最后共获得 4958 个公司年的非平衡面板数据。所有公司的财务数据来自于 RESSET 数据库，关系型交易程度数据根据上市公司年报所披露的“向前五大客户销售总额占总销售额比例”手工整理得到。可以看出，关键客户关系交易均值在 30% 左右，说明制造业企业关系型交易较为普遍。为了消除异常值的影响，本书对样本进行了 1% 和 99% 的缩尾处理。

6.3.2 研究设计

为了检验假设 H1 和假设 H2，本章设计了模型（6-1）：

$$ff_{i,t} = a_0 + a_1 customer_{i,t} + a_2 index_{i,t} \times customer_{i,t} + a_3 size_{i,t} + a_4 lev_{i,t} + a_5 cfo_{i,t} + a_6 tobinq_{i,t} + a_7 capex_{i,t} + a_8 div_{i,t} + a_9 share_{i,t} + year + industry + \varepsilon_{i,t}$$

模型（6-1）

其中，被解释变量财务柔性程度，现有文献对财务柔性的判断有采用单一指标，如现金持有量或杠杆水平来判断，或者综合两者的多指标结合来判定企业财务柔性水平。本书采取多指标结合法，将财务柔性 $ff_{i,t}$ 分解为负债融资柔性 $levr_{i,t}$ 和现金柔性 $cashr_{i,t}$ 两个部分，其中负债融资柔性 $levr_{i,t}$ = Max(0，行业平均负债比率 - 企业实际负债比率)，现金柔性 $cashr_{i,t}$ = 企业现金持有水平 - 行业平均现金持有水平。被解释变量为关系型交易程度 $customer_{i,t}$，本书借鉴唐跃军等（2009）[①] 的研究方法，用上市公司年报中所披露的“前五大关键客户销售额合计数占比”指标来衡量，该指标越大，表明关键客户关系型交易程度越高。地区制度环境特征变量 $index_{i,t}$ 与关系型交易 $customer_{i,t}$ 的交互项 $index_{i,t} * customer_{i,t}$ 用于检验不同地区制度环境下，企业的关系型交易与财务柔性决策之间的关系，制度环境指标选取了政府减少不必要的干预指数 $gindex_{i,t}$、法制环境指数 $lindex_{i,t}$、民间金融服务指数 $findex_{i,t}$、企业社会环境指数 $sindex_{i,t}$，根据假设，预计非国有企业样本增加交互项 $index_{i,t} * customer_{i,t}$ 后显著为负，国有企业样本增加交互项后变化不显著。变量的选取和定义与国内外文献中的常用指标一致，具体变量解释如表 6-1 所示。

表 6-1　　变量定义

解释	变量名	计算方式
财务柔性	$ff_{i,t}$	财务柔性 = 现金柔性 + 负债融资柔性
	$cashr_{i,t}$	企业现金持有水平 - 行业平均现金持有水平
	$levr_{i,t}$	Max(0，行业平均负债比率 - 企业实际负债比率)

① 唐跃军：“供应商、经销商议价能力与公司业绩——来自 2005~2007 年中国制造业上市公司的经验证据”，《中国工业经济》，2009 年第 10 期，第 67~76 页。

续表

解释	变量名	计算方式
关系型交易程度	$customer_{i,t}$	前五大关键客户销售额占企业年销售额比例
政府减少干预指数	$gindex_{i,t}$	指数越大，说明该地区企业受政府干预越少
法律环境指数	$lindex_{i,t}$	指数越大，说明该地区法律环境越好
民间金融服务指数	$findex_{i,t}$	指数越大，说明从民间渠道融资越容易
企业社会环境指数	$sindex_{i,t}$	指数越大，说明该地区社会诚信环境越好
规模	$size_{i,t}$	总资产账面价值的自然对数
财务杠杆	$lev_{i,t}$	总负债/总资产
经营现金流	$cfo_{i,t}$	经营现金流量净额/非现金资产
成长机会	$tobinq_{i,t}$	(非流通股价值+流通股价值+债务帐面价值)/总资产
资本支出	$capex_{i,t}$	购建固定资产、无形资产和其它长期资产所支付的现金/非现金资产
第一大股东占比	$share_{i,t}$	第一大股东持股比例
红利哑变量	$div_{i,t}$	当年发放红利为1，否则为0

6.4 数据分析及模型结果

6.4.1 主要变量的描述性统计及组间检验

为了有效对比国有企业和非国有企业相关指标差异，本书按产权性质对选取的指标分类进行描述性统计和组间检验，如表6－2所示。首先，从财务柔性 ff_{it}来看，非国有企业财务柔性均值0.19、中值0，分别显著高于国有企业均值－0.09和中值－0.13。其次，从关系型交易程度 $customer_{i,t}$来看，非国有企业关系型交易水平均值0.31和中值0.26分别显著高于国有企业均值0.28和中值0.22。此外，制度环境方面，非国有企业所在地区政府减少不必要的干预指数 $gindex_{i,t}$大于国有企业水平，说明政府对国有企业的干预多于非国有企业。国有企业所在地区法律环境指数 $findex_{i,t}$大于非国有企业水平，说明国有企业所在地区法律环境普遍优于非国有企业水平。非国有企业所在地区获取民间金

融服务水平 $findex_{i,t}$ 高于国有企业，说明国有企业易于获得正规金融支持且成本较低，而民间融资是非国有企业获得金融服务的重要来源。最后，其他控制变量指标能够反映企业特征，除了经营现金流组间差异不显著之外，其他指标组间差异均显著。

表6-2　　按照产权分类的描述性统计及组间检验

	国有企业			非国有企业			组间差异	
	均值	中值	方差	均值	中值	方差	均值（t值）	中值（z值）
$ff_{i,t}$	-0.09	-0.13	0.34	0.19	0	0.64	17.45***	15.92***
$customer_{i,t}$	0.28	0.22	0.19	0.31	0.26	0.2	5.04***	5.21***
$gindex_{i,t}$	3.48	3.48	0.16	3.57	3.57	0.16	18.84***	18.32***
$lindex_{i,t}$	3	3.01	0.19	2.91	2.92	0.19	16.63***	16.26***
$findex_{i,t}$	2.99	3	0.19	3.08	3.07	0.21	14.17***	13.13***
$sindex_{i,t}$	3.12	3.1	0.17	3.17	3.18	0.14	10.87***	11.99***
$size_{i,t}$	9.58	9.52	0.53	9.24	9.18	0.39	-26.74***	-24.13***
$lev_{i,t}$	0.51	0.53	0.2	0.35	0.34	0.21	-26.16***	-24.98***
$cfo_{i,t}$	0.06	0.05	0.1	0.06	0.05	0.12	0.17	0.88
$tobinq_{i,t}$	1.81	1.43	1.15	1.74	1.44	1.02	-2.46***	-0.04
$capex_{i,t}$	0.07	0.06	0.07	0.1	0.09	0.08	14.32***	14.17***
$div_{i,t}$	0.62	1	0.49	0.77	1	0.42	11.54***	11.39***
$share_{i,t}$	0.39	0.39	0.15	0.34	0.32	0.14	-11.41***	-11.17***

注：*** 表示在1%水平下显著。

6.4.2 实证结果分析

（1）产权性质、关系型交易与财务柔性的回归分析。

本书按照产权性质对样本进行分组回归，根据表6-3的第（1）列结果显示，全样本下 $customer_{i,t}$ 的系数在1%水平下显著为正，第（2）组和第（3）组两组样本 $customer_{i,t}$ 的系数在1%水平下均显著为正，但国有企业相关系数0.16远小于非国有企业相关系数0.26，说明无论是国有企业还是非国有企业，随着关系型交易的增加，都倾向于储备更多的财务柔性。但相对国有企业来说，非国有企业面对关系型交易程度增加时，会储备更多的财务柔性，进一步证实了非国有企业储备财务柔性的动机强于国有企业，支持了假设 H1。

表 6 – 3　　　　关系型交易与财务柔性回归分析表

	(1)	(2)	(3)
	全样本	国企	非国企
$customer_{i,t}$	0.21 ***	0.16 ***	0.26 ***
	(5.87)	(4.19)	(5.35)
$size_{i,t}$	-0.08 ***	0.05 ***	-0.14 ***
	(-5.44)	(2.92)	(-5.63)
$lev_{i,t}$	-1.35 ***	-0.78 ***	-1.58 ***
	(-31.98)	(-14.91)	(-25.36)
$cfo_{i,t}$	1.26 ***	0.68 ***	1.53 ***
	(14.21)	(7.6)	(13.3)
$tobinq_{i,t}$	-0.09 ***	0	-0.12 ***
	(-11.47)	(0.32)	(-9.81)
$capex_{i,t}$	0.01	-0.05	-0.26 **
	(0.09)	(-0.54)	(-2.15)
$div_{i,t}$	0	-0.01	0
	(0.05)	(-0.47)	(0.14)
$share_{i,t}$	0.13 ***	-0.05	0.20 ***
	(3.03)	(-1.09)	(3.3)
Intercept	1.31 ***	-0.23	2.00 ***
	(9.59)	(-1.41)	(8.72)
Year	控制	控制	控制
Industry	控制	控制	控制
N	4958	1959	2999
F	111.51	39.01	84.22
R_square	0.42	0.35	0.46

注：***、**、* 分别表示在 1%、5% 和 10% 水平下显著。

（2）地区制度环境、关系型交易与财务柔性的回归分析。

按照产权性质分组检验不同地区制度环境的企业关系型交易对财务柔性决策的影响效应，从表6-4第（1）、（3）、（5）、（7）列结果可以看出，国有企业的关系型交易与财务柔性决策受地区制度环境影响并不显著，而从第（2）、（4）、（6）、（8）列结果可以看出，关系型交易水平 $customer_{i,t}$ 的系数显著为正，而增加各个制度环境指数后，制度环境指数与关系交易水平的交互项（$gindex_{i,t}$ * $customer_{i,t}$、$lindex_{i,t}$ * $customer_{i,t}$、$findex_{i,t}$ * $customer_{i,t}$、$sindex_{i,t}$ * $customer_{i,t}$）显著为负，说明政府干预较少、法制环境、融资环境以及社会环境较好的地区，非国有企业因关系型交易而储备财务柔性的动机明显降低。这也反映出地区制度环境的改善，尤其是政府不必要干预的减少、法制环境的完善、筹资渠道的畅通以及社会诚信度的提高对增强非国有企业市场竞争力，缓解融资约束程度、降低客户关系维护成本以及提高抵御市场风险的能力具有重要的支持作用，而地区制度环境差异对国有企业的影响不明显，这一结果支持了假设H2。

表6-4　制度环境、产权性质、关系型交易与财务柔性决策回归分析

	政府减少干预		法制环境		民间金融环境		诚信环境	
	(1)	(2)	(3)	(4)	(5)	(6)	(7)	(8)
	国企	非国企	国企	非国企	国企	非国企	国企	非国企
$customer_{i,t}$	0.19***	0.28***	0.16***	0.27***	0.16***	0.30***	0.14***	0.33***
	(4.81)	(4.93)	(3.86)	(4.54)	(3.91)	(4.88)	(3.5)	(5.48)
$gindex_{i,t}$ * $customer_{i,t}$	-0.10	-0.03**						
	(-0.53)	(-1.98)						
lindex * $customer_{i,t}$			0.01	-0.01*				
			(0.23)	(-1.82)				
findex * $customer_{i,t}$					0.02	-0.06**		
					(0.5)	(-1.96)		

续表

	政府减少干预		法制环境		民间金融环境		诚信环境	
	(1)	(2)	(3)	(4)	(5)	(6)	(7)	(8)
	国企	非国企	国企	非国企	国企	非国企	国企	非国企
sindex * $customer_{i,t}$							0.06	-0.12 **
							(1.18)	(-2.20)
$size_{i,t}$	0.05 ***	-0.14 ***	0.05 ***	-0.14 ***	0.05 ***	-0.14 ***	0.05 ***	-0.14 ***
	(3.01)	(-5.69)	(2.9)	(-5.70)	(2.95)	(-5.73)	(2.8)	(-5.63)
$lev_{i,t}$	-0.78 ***	-1.58 ***	-0.78 ***	-1.58 ***	-0.78 ***	-1.58 ***	-0.77 ***	-1.58 ***
	(-14.93)	(-25.35)	(-14.91)	(-25.30)	(-14.83)	(-25.31)	(-15.05)	(-25.40)
$cfo_{i,t}$	0.68 ***	1.53 ***	0.68 ***	1.53 ***	0.68 ***	1.53 ***	0.68 ***	1.54 ***
	(7.51)	(13.16)	(7.54)	(13.14)	(7.55)	(13.18)	(7.57)	(13.29)
$tobinq_{i,t}$	0	-0.12 ***	0	-0.12 ***	0	-0.12 ***	0	-0.13 ***
	(0.37)	(-10.01)	(0.32)	(-9.93)	(-0.36)	(-9.91)	(0.31)	(-10.15)
$capex_{i,t}$	-0.05	-0.25 **	-0.05	-0.26 **	-0.05	-0.25 **	-0.05	-0.25 **
	(-0.52)	(-2.12)	(-0.55)	(-2.15)	(-0.55)	(-2.13)	(-0.50)	(-2.05)
$div_{i,t}$	-0.01	0	-0.01	0	-0.01	0.01	-0.01	0.01
	(-0.52)	(0.22)	(-0.45)	(0.18)	(-0.45)	(0.26)	(-0.45)	(0.47)
$share_{i,t}$	-0.04	0.20 ***	-0.05	0.20 ***	-0.05	0.20 ***	-0.05	0.21 ***
	(-1.04)	(3.31)	(-1.13)	(3.29)	(-1.08)	(3.31)	(-1.16)	(3.42)
$Intercept_{i,t}$	-0.26	1.95 ***	-0.26	1.95 ***	-0.27	1.95 ***	-0.25	1.92 ***
	(-1.49)	(8.32)	(-1.46)	(8.33)	(-1.50)	(8.37)	(-1.44)	(8.28)
Year	控制	控制	控制	控制	控制	控制	控制	控制
Industry	控制	控制	控制	控制	控制	控制	控制	控制
N	1959	2999	1959	2999	1959	2999	1959	2999
F	35.68	80.2	36.31	80.17	35.33	80.86	36.51	80.44
R_square	0.34	0.46	0.34	0.46	0.34	0.46	0.34	0.46

注：***、**、*分别表示在1%、5%和10%水平下显著。

此外，从控制变量的回归结果来看，非国有企业的规模水平 $Size_{i,t}$在1%水平下显著为负，说明中小非国有企业储备财务柔性动机更加强烈，而国有企业在1%水平下显著为正，说明国有大型企业财务柔性水平较高；杠杆水平 $lev_{i,t}$

在1%水平上显著为负，说明企业财务杠杆越高，财务柔性水平越低；经营现金流水平 $cfo_{i,t}$在1%水平上显著为正，说明企业经营现金流越多，财务柔性水平越高；非国有企业成长性 $tobinq_{i,t}$在1%水平上显著为负，说明成长性越好的非国有企业，企业财务柔性水平越少；非国有企业资本性支出 $capex_{i,t}$在5%水平下显著为负，说明非国有企业资本性支出越多，其财务柔性水平越低，而国有企业表现不明显；非国有企业第一大股东持股比例 $share_{i,t}$系数显著为正，说明非国有企业第一大股东持股比例越高，企业财务柔性水平越高。

6.4.3 稳健性检验

为了确保结论的稳健性，本书实施了多项稳健性检验。首先，除了使用连续性变量反映企业的财务柔性以外，本书还按照是否大于财务柔性均值作为标准，将样本企业划分为财务柔性高和财务柔性低的两组样本进行比较分析，其主要结论依然成立。其次，本书按照地区制度环境指数是否大于均值作为标准，将总样本划分为地区制度环境好和制度环境差两组样本进行分组检验，发现主要结论依然成立。最后，为了保证结果的可靠性，本书另使用面板固定效应模型、Fama - MacBeth 模型等对样本数据进行回归，主要结论依然成立。

6.5 本章小结

本章基于我国特殊的制度环境背景，采用2008 - 2012年中国制造业上市公司4958个面板数据，研究不同产权、不同地区制度环境下企业与关键客户间的关系型交易对其财务柔性决策的影响效应。结果表明：相对国有企业而言，非国有企业的关系型交易程度与财务柔性决策的正向关系更加显著。地区间制度环境差异对非国有企业影响较大，政府不必要干预较少、法制环境较完善、金融服务较发达以及社会诚信度较高的地区，非国有企业该动机明显降低，而地区制度环境差异对国有企业该动机的影响较不明显。

近年来我国制造业企业普遍存在产能过剩，企业生存环境较差，加剧了其对下游客户过度依赖，增加了企业的市场风险。尤其是非国有企业，在自身融资约束程度普遍较大的情况下，“挤出”更多的现金以维持重要客户关系并防范风险，这是广大非国有企业的无奈之举。同时也应看到良好的制度环境可以有效提高非国有企业抗风险能力和市场竞争能力，说明政府治理、法制健全、金融发展和诚信的社会环境对促进资源有效配置、推动经济的良好发展具有重要的作用。因此，建议企业应从优化企业战略、促进产品创新、提高产品质量等多方面提升核心竞争力，并适时兼顾供销风险及供应链整合以谋求可持续发展。各级政府也应积极深化经济体制改革，缩小国有企业和非国有企业的差别待遇，改善落后地区的制度环境，为企业，尤其是非国有企业提供一个成熟、完善的市场环境，提高企业资金使用效率。

第 7 章

关系型交易与财务柔性决策内部治理因素调节效应

7.1 理论分析和研究假设

公司治理是“影响公司高层决策的一系列法律、规则、制度、市场、契约以及公司政策和程序的综合体系”（Brickley 和 Zimmerman，2010）[①]。传统的公司治理强调两权分离下，解决所有者与管理者之间的委托代理问题，公司治理的出发点围绕着“股东至上主义”。但随着公司治理理论的发展，学者们进一步对公司治理提出了更宽泛的定义，根据利益相关者理论，企业利益相关者的良性关系是企业生存以及可持续发展的重要资源。公司治理应考虑到各方企业的利益相关者（包括股东、债权人、供应商、客户、政府，甚至整个社会等）之间相互作用产生的特定问题，强调保护所有利益相关者的权益。因此，公司治理不仅要考虑到企业内部股东与管理者的代理问题，还应当考虑企业与外部利益相关者之间的代理问题。

供应商、客户之间的关系型交易通常表现出较为复杂的高频率的贸易往来形式。公司与关键客户往往在各方之间的信息不对称和充满了不确定性环境中进行关系型交易。由于关系型交易会使企业对关键客户产生较强的依赖关系，

① Brickley J A，Zimmerman J L. Corporate governance myths：Comments on Armstrong，Guay，and Weber［J］. Journal of Accounting & Economics，2010，50（s 2 -3）：235 -245.

导致关键客户一旦失势就会造成供应链中断或者损害，给企业带来重大损失。此外，供应链上的企业间的关系专用性投资还会引发机会主义行为和“搭便车”问题（Williamson，1979）①，导致合作契约的中断。当市场力量不能作为一个有效补充机制来约束双方关系契约时，完善的公司治理在缓解关系型契约相关的代理问题时则具有重要的作用。

首先，良好的公司治理有助于降低由管理者和股东两权分离所产生的代理问题，保证投资者以及利益相关者的利益不受损害，有利于提高企业效率，提升未来的经营业绩，实现企业可持续发展态势。学者们从董事会特征（王跃堂等，2006）②、股权结构（白重恩等，2005）③、高管激励（孙铮等，2001）④等多个方面研究公司治理对企业业绩及企业价值的影响，发现公司治理的完善对企业业绩的提升具有积极的作用。企业良好的经营业绩以及可持续的发展态势对维系企业与其供应商/客户关系尤为重要，供应商或者客户不愿与经营状况不好的企业合作，因为供应链上的企业出现的经营风险会导致供应链的中断，从而给合作伙伴带来一系列严重的负面后果。因此，完善的公司治理有助于促进企业与关键客户的关系型交易可持续的发展。

其次，良好的公司治理可以促进企业会计信息更加透明、可靠，有利于进一步减轻缔约双方在长期关系型交易中的信息不对称问题，帮助利益相关者做出正确的评价和判断。公司治理是联结公司内部和资本市场投资者的桥梁和纽带，而信息披露是一种内外部的沟通方式，公司治理水平的高低直接影响到会计信息质量。大量研究表明，公司治理水平较高的企业，其披露的会计信息会更加透明、可靠。皮斯特和徐（Pistor & Xu，2005）⑤ 提出在投资者权益保护程度较高的地区，完善的法律体系保证了企业会计信息的质量。法菲亚斯（Vafeas，2000）⑥

---

① Williamson O E. Transaction - Cost Economics: The Governance Of Contractual Relations [J]. Journal of Law & Economics, 1979, 22 (2): 233 - 262.

② 王跃堂、王亮亮、彭洋：“产权性质、债务税盾与资本结构”，《经济研究》，2010 年第 9 期，第 122 ~ 136 页。

③ 白重恩、刘俏、陆洲、宋敏、张俊喜：“中国上市公司治理结构的实证研究”，《经济研究》，2005 年第 2 期，第 81 ~ 91 页。

④ 孙铮、姜秀华、任强：“治理结构与公司业绩的相关性研究”，《财经研究》，2001 年第 4 期，第 3 ~ 11 页。

⑤ Pistor, K., Xu, C. Governing Stock Markets in Transition Economics: Lessons from China [J]. American Law and Economics Review, 2005, 1.

⑥ Vafeas, N. Board Structure and the Informativeness of Earnings [J]. Journal of Accounting and Public Policy, 2000, 19.

指出，董事会规模越小，而独立董事比例越高的企业其会计信息质量越高。透明、可靠的会计信息弥补了不完全契约的缺陷，遏制了信息不对称条件下契约方的道德风险和机会主义（Watts，2003）①，加深关键客户对企业的信任，降低合作伙伴对关系风险的担心，吸引其更多的关系专用性投资的投入，进一步促进彼此间的关系型交易。

最后，良好的公司治理有利于促进高管更加努力地维系与关键客户间的贸易关系。高管薪酬是较为常见的一种激励形式，企业给予管理层高额的薪酬体现了管理层的价值。我国市场机制较不完善，企业间建立和维持长期的关系契约往往需要通过管理者之间的长期信任、合作来加以维持，这对于高管来说是一种具有高度“人格化”的专用性资产，这种资产通过长期合作而建立起的信任关系来维系（何小杨，2011）②。另外，这也需要高管付出大量的私人成本，因为维持长期的合作关系需要管理者投入更多的精力，付出更多的劳动来加以实现。而有效的薪酬契约不仅能够弥补高管维系关系所发生的私人成本，还有助于高管实现这种专用性的关系资本的价值，这对于高管是一种有效的激励，使其更有动力去努力促进与交易方的长期合作，保持稳健的交易关系，有利于企业降低经营风险。综上所述，提出本章的假设：

H1：随着公司治理水平的提高，会进一步弱化企业的关系型交易与财务柔性决策的正相关关系。

7.2　数据选取及研究设计

7.2.1　数据选取

本章继续沿用第四章的2008～2012年A股制造业上市公司4994个面板数据作为研究样本。为保证数据的准确性，根据以下原则对数据做了严格筛选：（1）剔除在数据选取期间任何一年中被ST的公司；（2）剔除五年中财务数据

① Watts R L. Conservatism in Accounting Part: Evidence and Research Opportunities [J]. Accounting horizons, 2003, 17 (4): 287-301.

② 何小杨：“关系网络对公司治理的影响”，《经济导刊》，2010年第7期，第50～51页。

有重大疏漏和严重问题的公司年数据；（3）剔除五年间所属行业发生变化的公司年数据，最后共获得4958个公司年的非平衡面板数据。所有公司的财务数据来自于RESSET数据库，供应链关系交易程度数据根据上市公司年报所披露的“向前五大客户销售总额占总销售额比例”手工整理得到。为了消除异常值的影响，本书对样本进行了1%和99%的缩尾处理。主成分分析使用的统计软件Spss16.0，线性回归使用的统计软件是Stata13.0。

7.2.2 研究设计

为了检验假设1，本文设计了模型（7－1）：

$$ff_{i,t} = a_0 + a_1 customer_{i,t} + a_2 size_{i,t} + a_3 lev_{i,t} + a_4 cfo_{i,t} + a_5 capex_{i,t} + a_6 tobinq_{i,t} + a_7 share_{i,t} + \partial_8 div_{i,t} + year + industry + \varepsilon_{i,t} \quad \text{模型（7-1）}$$

其中，被解释变量财务柔性程度，现有文献对财务柔性的判断有采用单一指标，如现金持有量或杠杆水平来判断，或者综合两者的多指标结合来判定企业财务柔性水平。本书采取多指标结合法，将财务柔性$ff_{i,t}$分解为负债融资柔性$levr_{i,t}$和现金柔性$cashr_{i,t}$两个部分，其中负债融资柔性$levr_{i,t}$＝Max(0，行业平均负债比率－企业实际负债比率)，现金柔性$cashr_{i,t}$＝企业现金持有水平－行业平均现金持有水平。被解释变量为关系型交易程度$customer_{i,t}$，本书借鉴唐跃军等（2009）[①] 的研究方法，用上市公司年报中所披露的“前五大关键客户销售额合计数占比”指标来衡量，该指标越大，表明与关键客户的关系型交易程度越高。

目前文献对于公司治理的测度大体上分为两类：一类是针对治理指标或相关治理机制，例如股权结构、董事会构成以及高层管理者薪酬等单个治理指标进行研究。但公司治理是包含诸多因素的复合体，不同因素之间具有互补和替代功能。所以，学者们逐渐从影响公司治理的多因素展开研究，对其总体情况进行评价，证明了良好的公司治理能提高公司价值。本书借鉴白重恩等（2005）[②] 的做法，基于股东、董事会和激励机制三个维度7个具体指标，包

① 唐跃军：“供应商、经销商议价能力与公司业绩——来自2005～2007年中国制造业上市公司的经验证据”，《中国工业经济》，2009年第10期，第67～76页。

② 白重恩、刘俏、陆洲、宋敏、张俊喜：“中国上市公司治理结构的实证研究”，《经济研究》，2005年第2期，第81～91页。

括第一大股东持股比例（$sh1_{i,t}$）、第二至第十大股东持股比例（$sh2-10_{i,t}$）测度股权机构治理水平；董事会规模（$board_{i,t}$），两职是否合一（$ceo_{i,t}$），独立董事比例（$ind_{i,t}$）反映董事会治理水平；用管理层持股比例（$gr_{i,t}$），高管年薪总额（$bsm_{i,t}$）代表高管薪酬治理水平，采取主成分分析法，选取第一大主成分作为公司治理的度量指标。这里设置一个公司治理水平的虚拟变量cgi，当公司治理水平高于均值时，cgi=1，否则cgi=0。

同时，本书控制可能对财务柔性决策产生影响的其他因素，包括公司规模$size_{i,t}$，现金流量$cfo_{i,t}$，成长性$tobinq_{i,t}$，资本性支出$capex_{i,t}$，财务杠杆$lev_{i,t}$，红利发放哑变量$div_{i,t}$，第一大股东占比$share_{i,t}$。具体变量解释如表7-1所示。

表7-1 变量定义

解释	变量名	计算方式
财务柔性	$ff_{i,t}$	财务柔性=现金柔性+负债融资柔性
关系型交易程度	$customer_{i,t}$	前五大关键客户销售额占企业年销售额比例
公司治理指数	$cgi_{i,t}$	公司治理指数大于均值时，cgi=1，否则cgi=0
规模	$size_{i,t}$	总资产账面价值的自然对数
财务杠杆	$lev_{i,t}$	总负债/总资产
经营现金流	$cfo_{i,t}$	经营现金流量净额/非现金资产
成长机会	$tobinq_{i,t}$	(非流通股价值+流通股价值+债务帐面价值)/总资产
资本支出	$capex_{i,t}$	购建固定资产、无形资产和其它长期资产所支付的现金/非现金资产
第一大股东占比	$share_{i,t}$	第一大股东持股比例
红利哑变量	$div_{i,t}$	当年发放红利为1，否则为0

7.3 数据分析及模型结果

7.3.1 主要变量的描述性统计

主要变量的描述性统计如表7-2所示。财务柔性均值0.043，中值-0.013，最大值0.692和最小值-0.238，说明财务柔性程度在不同企业间差异较大；

关系型交易程度均值 0.3，中值 0.232，最小值 0.041，最大值 0.936，说明样本企业的关系型交易程度普遍较高，且不同企业关系型交易程度差距较大；公司治理方面中，股东方面，第一大股东持股比例均值 0.363，中值 0.351，最小值和最大值分别为 0.022 和 0.872，说明上市公司普遍存在一股独大现象。第 2～10 股东持股比例均值 0.231 和中值 0.218，低于第一大股东持股比例，说明制造业上市公司普遍股权制衡度较弱。董事会方面，独立董事比例均值 0.342 和中值 0.333，但最小值和最大值差异较大，两职是否合一均值 0.325，中值 0.315，最小值 0，最大值 1，说明两职合一现象较为普遍，董事会规模差异不大。管理层持股比例均值 0.11，中值 0.091，最小值和最大值差异较大，说明管理层持股情况总体较均衡，但在不同企业间差异较大。高管年薪总额均值 0.031，中值 0.023，最小值 0.01 和最大值 0.043，说明不同企业间高管薪酬激励力度存在较大的差异，其他变量统计量较为合理。

表 7-2　主要变量描述性统计

变量符号	变量名称	最小值	最大值	中位数	均值	方差
$customer_{i,t}$	关系型交易程度	0.041	0.936	0.232	0.300	0.200
$ff_{i,t}$	财务柔性	-0.238	0.692	-0.013	0.043	0.200
$sh1_{i,t}$	第 1 大股东持股比例	0.022	0.872	0.351	0.363	0.158
$sh2\sim10_{i,t}$	第 2～10 股东持股比例	0.099	0.413	0.218	0.231	0.146
$board_{i,t}$	董事会规模	2.186	2.198	2.198	2.192	0.195
$ceo_{i,t}$	两职是否合一	0	1	0.315	0.325	0.053
$ind_{i,t}$	独立董事比例	0.071	0.712	0.333	0.342	0.092
$gr_{i,t}$	管理层持股比例	0.000	0.871	0.091	0.110	0.219
$bsm_{i,t}$	高管年薪总额	0.010	0.043	0.023	0.031	0.029
$size_{i,t}$	规模	8.474	10.842	9.325	9.373	0.482
$lev_{i,t}$	财务杠杆	0.035	0.947	0.401	0.416	0.218
$cfo_{i,t}$	经营现金流	-0.219	0.444	0.051	0.062	0.110
$tobinq_{i,t}$	成长机会	0.552	6.895	1.653	1.767	1.074
$capex_{i,t}$	资本支出	-0.053	0.349	0.086	0.093	0.078
$div_{i,t}$	现金分红	0.000	1.000	0.685	0.706	0.456
$share_{i,t}$	红利哑变量	0.089	0.739	0.351	0.363	0.145

表7-3是公司治理指数的载荷系数，在计算出公司治理指数的载荷系数的基础上，进一步根据载荷系数计算出公因子的得分，接着通过对每个公因子的方差贡献率进行加权求和，来获取综合得分以反映样本企业的公司治理水平。按"是否高于得分的均值"作为标准，将样本企业分为高公司治理水平和低公司治理水平两组样本，并设置一个虚拟变量 cgi，当公司治理水平高于均值时，cgi = 1，否则 cgi = 0。

表7-3　　　　公司治理指数的载荷系数

指标	变量符号	变量名称	载荷系数
股东层面	$sh1_{i,t}$	第1大股东持股比例	-0.3901
	$sh2\sim10_{i,t}$	第2~10股东持股比例	0.2165
董事会层面	$ind_{i,t}$	独立董事比例	0.0356
	$board_{i,t}$	董事会规模	0.0235
	$ceo_{i,t}$	两职是否合一	-0.0521
激励层面	$gr_{i,t}$	管理层持股比例	0.0798
	$bsm_{i,t}$	高管年薪总额	0.0921

表7-4是基于公司治理水平分组的描述性统计，高公司治理水平的公司财务柔性 $ff_{i,t}$ 的中值0.01和均值0.08分别低于低公司治理水平的公司财务柔性 $ff_{i,t}$ 的中值0.12和均值0.03，高公司治理水平公司的客户集中度 $customer_{i,t}$ 中值0.29和均值0.27低于低公司治理水平公司的客户集中度 $customer_{i,t}$ 的中值0.3和均值0.31。此外，相较于低公司治理水平，高公司治理水平的规模更大，财务杠杆更高，经营现金流更加充裕，资本性支出更少，成长性更好，现金分红更多，说明高公司治理水平的企业的整体财务状况更加良好。

表7-4　　　　基于公司治理水平分组的描述性统计

	高公司治理水平			低公司治理水平			组间差异	
	均值	中值	方差	均值	中值	方差	均值（t值）	中值（z值）
$ff_{i,t}$	0.08	0.01	0.24	0.12	0.03	0.25	-5.3***	-4.16***
$customer_{i,t}$	0.27	0.29	0.32	0.31	0.3	0.25	3.5***	3.6***

续表

	高公司治理水平			低公司治理水平			组间差异	
	均值	中值	方差	均值	中值	方差	均值（t值）	中值（z值）
$size_{i,t}$	9.53	9.38	0.49	9.27	9.18	0.45	12.12***	11.59***
$lev_{i,t}$	0.43	0.45	0.24	0.38	0.37	0.23	5.54***	6.37***
$cfo_{i,t}$	0.08	0.06	0.21	0.05	0.04	0.14	3.71***	3.22***
$capex_{i,t}$	0.11	0.08	0.17	0.1	0.07	0.18	-2.41***	-1.78*
$tobinq_{i,t}$	1.84	1.47	1.21	1.41	1.23	1.28	-3.83***	-3.32***
$share_{i,t}$	0.35	0.36	0.15	0.37	0.36	0.15	-0.56	-0.76
$div_{i,t}$	0.75	1	0.46	0.68	1	0.45	1.92*	1.93*

注：***、*分别表示在1%、10%水平下显著。

7.3.2 实证结果分析

接着，分别按照全样本、高公司治理水平样本以及低公司治理水平样本进行分组回归，根据表7-5的第（1）列结果显示，$customer_{i,t}$的系数在1%水平下显著为正，第（2）列结果显示高公司治理水平下$customer_{i,t}$的系数不显著，而第（3）列结果显示低公司治理水平下$customer_{i,t}$的系数在1%水平下显著为正，说明高公司治理水平的公司随着关系型交易程度的增加，其储备更多的财务柔性的动机并不强烈，而低公司治理水平的公司随着关系型交易程度的增加，其储备财务柔性的动机更加强烈。进一步证实了假设H1，公司治理水平的提高会进一步弱化企业的关系型交易与财务柔性决策的正相关关系。

表7-5　　　　公司治理、关系型交易与财务柔性

	(1)	(2)	(3)
	全样本	高公司治理水平	低公司治理水平
$customer_{i,t}$	0.21***	0.13	0.27***
	(5.87)	(0.79)	(5.35)
$size_{i,t}$	-0.08***	0.05***	-0.13***
	(-5.44)	(2.72)	(-5.63)

续表

	(1)	(2)	(3)
	全样本	高公司治理水平	低公司治理水平
$lev_{i,t}$	-1.35***	-0.58***	-0.77***
	(-31.98)	(-19.91)	(-22.36)
$cfo_{i,t}$	1.26***	0.78***	0.48***
	(14.21)	(6.62)	(14.3)
$capex_{i,t}$	0.01	-0.06	-0.16**
	(0.09)	(-0.54)	(-2.25)
$tobinq_{i,t}$	-0.09***	0.01	-0.11***
	(-11.47)	(0.31)	(-9.81)
$share_{i,t}$	0.13***	-0.06	0.21***
	(3.03)	(-1.19)	(3.31)
$div_{i,t}$	0.01	-0.01	0.01
	(0.05)	(-0.47)	(0.14)
Intercept	1.31***	-0.25	2.32***
	(9.59)	(-1.41)	(8.72)
Year	控制	控制	控制
Industry	控制	控制	控制
N	4958	1684	3310
F	111.51	49.01	74.22
F_p	0	0	0
R_squa	0.43	0.35	0.45

注：***、**、*分别表示在1%、5%和10%水平下显著。

7.3.3 稳健性检验

为了确保结论的稳健性，实施了多项稳健性检验。首先，除了使用连续性变量反映企业的财务柔性以外，还考虑按照是否大于财务柔性均值作为标准，将样本企业划分为财务柔性高和财务柔性低的两组样本进行比较分析，其主要结论依然成立。其次，本章按照股东层面、董事会层面和激励机制层面选取第一大股东持股比例、第二至第十大股东持股比例、董事会规模、两职是否合

一、独立董事比例、管理层持股比例、高管年薪总额 7 个变量作为公司治理水平的替代变量分别进行实证检验，发现主要结论依然成立。最后，为了保证结果的可靠性，本章另使用面板固定效应模型、Fama - MacBeth 模型等对样本数据进行回归，主要结论依然成立。

7.4 本章小结

本章选取 2008 ~ 2012 年中国制造业上市公司的面板数据，研究企业公司治理水平的差异，对关系型交易与财务柔性决策二者关系的影响效应。研究发现，公司治理在关系型交易中能够起到监测作用，有助于降低关系型契约双方之间的代理问题所导致的经营的低效率问题，从而促进关系双方合作更加稳定持续的发展。同时，完善的公司治理有助于促进企业会计信息更加透明、可靠，进一步减轻缔约双方在长期关系型交易中的信息不对称问题，增强关系型交易双方的信息透明度。进一步，合理的薪酬激励机制能够促进高管更有动力去达成与关键客户间的长期合作，保持稳健的关系型交易，有助于降低企业的经营风险。总之，完善的公司治理有助于弱化因关系型交易而储备财务柔性的动机。

因此，为了确保公司治理机制在协调关系型契约中所发挥的持续性作用，企业应从以下几点优化公司治理机制：从优化董事会规模，增强独立董事独立性，完善董事会激励机制等角度强化董事会的治理作用；完善管理层薪酬激励契约的设计与评价机制；建立健全职业经理人行为约束机制，加强监事会的监督作用，建立科学的股权制衡机制等。

第 8 章

研究结论与展望

8.1 主要研究结论

本书以交易成本理论、资源基础理论、资源依赖理论、委托代理理论、关系契约理论以及财务柔性理论为基础，通过实证研究的方法检验了企业与关键客户之间的关系型交易程度对企业财务柔性决策的影响效应、关系型交易程度对企业财务柔性决策的竞争效应及价值效应的影响、制度环境与公司治理环境在关系型交易与财务柔性决策二者关系中的调节作用。本研究得出了以下主要结论：

第一，检验企业与关键客户的关系型交易对企业财务柔性储备动机的影响效应。研究结果表明，一方面，企业保持财务柔性有利于对客户实施可置信承诺，缓解客户对合作风险的担心，深化企业间战略合作关系。另一方面，企业保持财务柔性有利于提高企业风险管理能力，预防因“关键客户依赖”所引发的潜在风险。因此，随着企业关系型交易程度的增加，供应商企业会处于承诺性动机和预防性动机而储备更多的财务柔性。

第二，检验不同财务柔性实现渠道在协调关系型交易时所发挥的作用。进一步基于关系专用性投资特征辨别财务柔性动机后发现，无论关键客户的关系专用性投资水平高低，随着企业关系型交易程度的增加，企业储备现金柔性的动机也越强，验证了预防性动机是现金柔性储备的主要动机；仅当企业关系专用性投资水平高时，企业关系型交易程度的增加会促使储备负债融资柔性的动机增强，验证了承诺性动机是储备负债融资柔性的主要动机。

第三，检验关系型交易对财务柔性决策的竞争效应的影响。研究结果表明，企业储备财务柔性有利于市场业绩的增长，具有竞争效应。但随着企业对关系型交易依赖程度的增加，企业利用财务柔性去拓展市场，发挥战略作用的动力较小，能力较弱，甚至还会加剧企业融资约束水平。因此，企业的关系型交易程度的增加，其财务柔性的竞争效应越被弱化。

第四，检验关系型交易对财务柔性的价值效应的影响。研究结果发现，财务柔性的储备对于提升企业的价值有重要的作用。但进一步考虑关系型交易的影响后发现，在财务柔性水平较多的企业中，关系型交易程度低的企业，其财务柔性能够为企业带来更多的价值增值，而关系型交易程度高的企业，其财务柔性决策虽然与企业价值正相关，但仍难以为企业带来价值的增值效应。而对财务柔性储备较少的企业而言，无论关系型交易程度高低，其财务柔性程度与企业价值关系皆不显著。

第五，检验制度环境对关系型交易与财务柔性决策二者关系的影响效应。研究结果发现，相对国有企业而言，非国有企业因关系型交易而储备财务柔性的动机更加强烈。进一步考虑地区制度环境后发现，制度环境较为完善的地区，尤其是政府干预较少、法制环境较健全、金融环境较发达、诚信环境较好的地区，非国有企业因关系型交易而储备财务柔性的动机显著降低，而国有企业该动机变化不明显。

第六，检验公司治理因素对关系型交易与财务柔性决策二者关系的影响效应。研究结果表明，企业公司治理水平的提高，有利于降低企业的代理问题，促进企业会计信息更加透明、可靠，减轻缔约双方在长期关系型交易中的信息不对称问题，促进高管更加努力去维系与关键客户间的贸易关系。因此，公司治理越完善，企业的关系型交易与财务柔性决策的正相关关系越会被弱化。

8.2 政策建议

近年来，我国制造业产能过剩现象比比皆是，企业生存环境较为恶劣，而部分制造业企业缺乏技术创新理念，其产品位于价值链的低端，附加值较低，导致其市场竞争能力不足，加剧了企业对下游关键客户的过度依赖，也使得供应链上下游间的企业合作关系变得更加不稳定。尤其对于非国有企业而言，在融资约束程度较为严重的情况下，通过财务柔性决策来协调关键客户关系问题，以提高筹集和调用资金的能力的行为实属无奈之举。因此，为了进一步缓解目前的状况，本书提出以下建议：

从企业角度出发，第一，企业应通过积极打造核心竞争力，不断提升企业技术水平，加大创新力度，淘汰落后产能，调整产业结构，通过自身的核心竞争力的提升来增加企业相对客户的谈判势力，与现有客户群建立稳固的合作关系，并吸引更多的潜在客户。第二，企业应重视客户资源，提高客户管理水平，优化优质客户组合，缓解大客户依赖现象；第三，企业还应加强公司治理，优化股权结构，充分发挥股东大会、董事会、监事会的作用，通过建立完善企业的内、外部治理机制谋求企业的可持续发展。

从政府角度来说，考虑到制度环境的完善对促进资源有效配置、推动经济的良性循环具有重要的作用，因此，政府应加强经济改革力度，加大对非国有企业的扶持力度，不断缩小其与国有企业的待遇差别，优化改善落后地区的制度环境，为企业的可持续良性发展提供更多的政策支持和环境保障。具体而言，第一，政府应减少不必要的干预，促进市场机制发挥作用，让市场来引导资源配置的方向，努力创造公平和谐的竞争环境；第二，加大多层次资本市场建设力度，不断拓宽企业，尤其是中小企业的融资渠道，缓解其融资约束问题；第三，加强法制建设，健全法律监督机制，加强法制宣传，强化企业依法合规经营理念，保障企业的合法权益；第四，建立多层次社会信用体系，推进市场诚信体系的建设，完善国家诚信法律制度，加强商业诚信制度的宣传；第五，政策的稳定性与连续性对经济的发展至关重要，因此，政府制定的相关政策必须建立在充分调研论证的基础上，保证政策的科学性与可操作性，只有这样，才能为实体经济发展创造良好的制度环境。

8.3 研究展望

近年来，随着研究的深入，学者们关注的焦点从财务利益相关主体逐步拓展至非财务利益相关主体，人们越来越认识到非财务利益相关者，尤其是供应商客户对企业的重要影响。但从目前的研究来看，这方面的研究仍具有一定的难度，一方面，从关系型交易视角来研究财务问题需要深厚的跨学科知识背景，否则难以深入研究。另一方面，目前重要的数据信息较为缺乏，值得参考的相关文献较少，使得该领域的研究更具挑战性。通过几年的研究，笔者分别对关系型交易对企业的财务柔性决策的影响、关系型交易对企业财务柔性决策的竞争效应及价值效应的影响、关系型交易与财务柔性决策关系中制度环境与公司治理机制所起的调节作用等做了大量的实证分析，但这些研究只是关系型交易对财务行为影响问题探索的起点，在本书即将顿笔之际，仍有很多不足之处有待今后进一步深入研究。

第一，关系型交易的测度需要深入研究。由于数据披露的限制，无法直接获取到关键客户特征信息等反映关系型交易的关键数据，只能通过手工搜集整理上市公司年报及其附注所披露“前五大客户销售收入占比”等指标加以替代，这限制了对以“大客户依赖”为特征的关系型交易问题的研究深度，这是遇到的最大的研究瓶颈。为了突破数据的限制，未来的研究期待从两方面着手，一是考虑通过实地调研或者案例研究的方式，获取具体关键客户信息，进一步拓展基于客户特征而影响企业财务行为的研究。二是通过跨学科的交叉研究，建立模型来科学测度企业间关系型交易程度，以期深入研究相关问题。

第二，关系型交易的研究视角需要进一步拓展。本书对于关系型交易的研究仅仅站在供应商企业的角度，考虑以“关键客户依赖”为特征的关系型交易对企业财务行为的影响，而完整的供应链关系包括了企业与上游供应商、下游客户的关系的总和，以“关键供应商依赖”为特征的关系型交易对企业财务行为的影响呈现出不同的特征。因此，后续的研究会进一步拓展研究范围，考虑“关键供应商依赖”为特征的关系型交易对企业财务行为的影响效应，更全面地考察关系型交易的本质问题。

第三，关系型交易对企业财务柔性的其他经济后果的影响需要进一步研究。关系型交易对企业财务柔性的经济后果的影响研究，目前仅考虑到竞争效应与价值效应，而对于其他经济后果的研究，如对投资行为、融资行为的影响问题，由于受限于篇幅和时间因素，没有进行深入的研究，这也将是后续研究的重点内容。

参考文献

[1] 艾兴政，唐小我．基于讨价还价能力的竞争供应链渠道结构绩效研究 [J]．管理工程学报，2007，02：123 - 125.

[2] 白重恩，刘俏，陆洲，宋敏，张俊喜．中国上市公司治理结构的实证研究 [J]．经济研究，2005，02：81 - 91.

[3] 陈运森，王玉涛．审计质量、交易成本与商业信用模式 [J]．审计研究，2010，06：77 - 85.

[4] 陈正林．论供应链的治理机制及其完善对策 [J]．湖北社会科学，2014，11：85 - 88.

[5] 邓明然，曾玲芳．论网络财务与企业理财系统柔性 [J]．财贸研究，2004，01：98 - 101.

[6] 葛家澍，占美松．企业财务报告分析必须着重关注的几个财务信息——流动性、财务适应性、预期现金净流入、盈利能力和市场风险 [J]．会计研究，2008，05：3 - 9.

[7] 何小杨．关系网络对公司治理的影响 [J]．经济导刊，2010，07：50 - 51.

[8] 姜付秀，刘志彪．行业特征、资本结构与产品市场竞争 [J]．管理世界，2005，10：74 - 81.

[9] 姜付秀，屈耀辉，陆正飞，李焰．产品市场竞争与资本结构动态调整 [J]．经济研究，2008，04：99 - 110.

[10] 姜英冰．财务灵活性——资本结构安排的新角度 [J]．财会通讯，2002，02：12 - 14.

[11] 姜英兵，严婷．制度环境对会计准则执行的影响研究 [J]．会计研究，2012，04：69 - 78.

[12] 李琳，刘凤委，卢文彬．基于公司业绩波动性的股权制衡治理效应

研究 [J]. 管理世界. 2009, (5): 145 - 151.

[13] 李青原，陈晓，王永海. 产品市场竞争、资产专用性与资本结构——来自中国制造业上市公司的经验证据 [J]. 金融研究，2007，04: 100 - 113.

[14] 李青原. 资产专用性与公司纵向并购财富效应：来自我国上市公司的经验证据 [J]. 南开管理评论，2011，06: 116 - 127.

[15] 李扬，张涛. 中国地区金融生态环境评价（2008 ~ 2009）[M]. 中国金融，2009.

[16] 林钟高，郑军，彭琳，徐德信. 关系型交易、制度环境与外部审计需求——基于中国制造业上市公司的经验证据 [J]. 当代财经，2015，04: 107 - 118.

[17] 林钟高，郑军，彭琳. 关系型交易、盈余管理与盈余反应——基于主要供应商和客户视角的经验证据 [J]. 审计与经济研究，2014，02: 47 - 57.

[18] 刘端，周有德，陈收，王欢. 基于融资受限和对冲需求的企业现金持有政策在产品市场竞争中的作用 [J]. 系统工程，2011，02: 63 - 73.

[19] 刘慧龙，吴联生. 制度环境、所有权性质与企业实际税率 [J]. 管理世界，2014，04: 42 - 52.

[20] 刘启亮，罗乐，何威风，陈汉文. 产权性质、制度环境与内部控制 [J]. 会计研究，2012，03: 52 - 61.

[21] 刘仁军. 关系契约与企业网络转型 [J]. 中国工业经济，2006，06: 91 - 98.

[22] 刘志彪，姜付秀，卢二坡. 资本结构与产品市场竞争强度 [J]. 经济研究，2003，07: 60 - 67.

[23] 刘志远，王勇，靳光辉. 现金持有在产品市场竞争中的威慑效应——基于中国制造业上市公司的实证分析 [J]. 系统工程，2013，02: 1 - 12.

[24] 陆正飞，韩非池. 宏观经济政策如何影响公司现金持有的经济效应？——基于产品市场和资本市场两重角度的研究 [J]. 管理世界，2013，06: 43 - 60.

[25] 罗党论，唐清泉. 政府控制、银企关系与企业担保行为研究——来自中国上市公司的经验证据 [J]. 金融研究，2007，03: 151 - 161.

[26] 罗进辉，杜兴强. 媒体报道、制度环境与股价崩盘风险 [J]. 会计研究，2014，09: 53 - 59.

[27] 马春爱. 中国上市公司的非效率投资研究：一个财务弹性的视角 [J]. 财贸研究，2011，02：144-148.

[28] 马连福，曹春方. 制度环境、地方政府干预、公司治理与IPO募集资金投向变更 [J]. 管理世界，2011，05：127-139.

[29] 屈耀辉，姜付秀，陈朝晖. 资本结构决策具有战略效应吗？[J]. 管理世界，2007，02：69-75.

[30] 孙进军，顾乃康. 现金持有量决策具有战略效应吗？——基于现金持有量的平均效应与区间效应的研究 [J]. 商业经济与管理，2012，03：85-96.

[31] 孙元欣，于茂荐. 关系契约理论研究述评 [J]. 学术交流，2010，08：117-123.

[32] 孙铮，姜秀华，任强. 治理结构与公司业绩的相关性研究 [J]. 财经研究，2001（4）：3-11.

[33] 唐松，杨勇，孙铮. 金融发展、债务治理与公司价值——来自中国上市公司的经验证据 [J]. 财经研究，2009，06：4-16.

[34] 唐跃军. 供应商、经销商议价能力与公司业绩——来自2005~2007年中国制造业上市公司的经验证据 [J]. 中国工业经济，2009（10）：67-76.

[35] 王福胜，宋海旭. 终极控制人、多元化战略与现金持有水平 [J]. 管理世界，2012，07：124-136.

[36] 王满，许诺，于浩洋. 环境不确定性、财务柔性与企业价值 [J]. 财经问题研究，2015，06：130-137.

[37] 王少飞，周国良，何小杨，于旭辉. 关系型投资与审计行为 [J]. 财经研究，2010，05：16-26.

[38] 王小鲁，余静文，樊纲. 中国分省企业经营环境指数2013年报告 [M]. 中信出版社，2013.

[39] 王雄元，刘芳. 客户议价能力与供应商会计稳健性 [J]. 中国会计评论，2014（Z1）：389-404.

[40] 王勇，刘志远，郑海东. 政府干预与地方国有企业市场竞争力——基于现金持有竞争效应视角 [J]. 经济与管理研究，2013，08：28-38.

[41] 王跃堂，王亮亮，彭洋. 产权性质、债务税盾与资本结构 [J]. 经济研究，2010，09：122-136.

[42] 王志强，张玮婷. 上市公司财务灵活性、再融资期权与股利迎合策

略研究［J］. 管理世界，2012，07：151－163.

［43］吴应宇，丁胜红. 企业关系资本：价值引擎及其价值管理研究——基于利益相关者理论视角［J］. 东南大学学报（哲学社会科学版），2011，05：43－51.

［44］夏立军，陈信元. 市场化进程、国企改革策略与公司治理结构的内生决定［J］. 经济研究，2007，07：82－95.

［45］徐虹，李亭，林钟高. 关系投资、内部控制与企业财务杠杆水平——基于关系契约与规则契约理论的经验证据［J］. 中南财经政法大学学报，2014，03：106－114.

［46］许晖，冯永春，许守任. 基于动态匹配视角的供应商与关键客户关系的构建与演进——力神开发12家关键客户的案例研究［J］. 管理世界，2014，04：107－123.

［47］杨兴全，曾义，吴昊旻. 货币政策、信贷歧视与公司现金持有竞争效应［J］. 财经研究，2014，02：133－144.

［48］杨兴全，吴昊旻，曾义. 公司治理与现金持有竞争效应——基于资本投资中介效应的实证研究［J］. 中国工业经济，2015，01：121－133.

［49］杨兴全，吴昊旻. 行业特征、产品市场竞争与公司现金持有量——来自中国上市公司的经验证据［J］. 经济评论，2009，01：69－76.

［50］杨兴全，张照南. 制度背景、股权性质与公司持有现金价值［J］. 经济研究，2008，12：111－123.

［51］张敏，马黎珺，张胜. 供应商－客户关系与审计师选择［J］. 会计研究，2012，12：81－86.

［52］曾爱民，傅元略，魏志华. 金融危机冲击、财务柔性储备和企业融资行为——来自中国上市公司的经验证据［J］. 金融研究，2011，10：155－169.

［53］曾爱民，张纯，魏志华. 金融危机冲击、财务柔性储备与企业投资行为——来自中国上市公司的经验证据［J］. 管理世界，2013，04：107－120.

［54］曾爱民，张纯，朱朝晖. 西方财务柔性理论最新研究进展［J］. 商业经济与管理，2014，10：43－54.

［55］陈德球，李思飞，王丛. 政府质量、终极产权与公司现金持有［J］.

管理世界，2011，11：127 -141.

［56］赵华，张鼎祖．企业财务柔性的本原属性研究［J］．会计研究，2010，06：62 -69.

［57］赵蒲，孙爱英．财务保守行为：基于中国上市公司的实证研究［J］．管理世界，2004，11：109 -118.

［58］赵湘莲，韩玉启．企业财务管理柔性水平的动态监控［J］．工业技术经济，2005，02：131 -133.

［59］赵秀云，鲍群．供应商与客户关系是否影响企业现金持有水平——基于制造业上市公司面板数据的实证分析［J］．江西财经大学学报，2014，05：41 -48.

［60］赵秀云，鲍群．制度环境、关系交易与现金持有决策［J］．审计与经济研究，2015，03：21 -29.

［61］郑军，林钟高，彭琳．地区市场化进程、相对谈判能力与商业信用——来自中国制造业上市公司的经验证据［J］．财经论丛，2013，05：81 -87.

［62］周婷婷，韩忠雪．产品市场竞争与现金持有——基于高管变更的调节效应［J］．管理科学，2010，03：2 -13.

［63］朱武祥，陈寒梅，吴迅．产品市场竞争与财务保守行为——以燕京啤酒为例的分析［J］．经济研究，2002，08：28 -36.

［64］祝继高，陆正飞．货币政策、企业成长与现金持有水平变化［J］．管理世界，2009，03：152 -158.

［65］Acharya V，Almeida H，Campello M. Is cash negative debt? A hedging perspective on corporate financial policies［J］. Financial Intermediation. 1997，16（4）：515 -554.

［66］Allen J W，Phillips G. Corporate equity ownership，strategic alliances，and product market relationships［J］. Journal of Finance，2000，56（5）：2791 -2815.

［67］Almeida H，Campello M. Financial Constraints，Asset Tangibility，and Corporate Investment［J］. Review of Financial Studies，2007，20（5）：1429 -1460.

［68］Arslan - Ayaydin O，Florackis C，Ozkan A. Financial flexibility，corporate investment and performance：evidence from financial crisis［J］. Review of Quantitative Finance & Accounting, 2012, 42 (2): 211 -250.

[69] Ball R, Kothari S, Robin A. The effect of international institutional factors on properties of accounting earnings [J]. Journal of Accounting and Economics, 2000, 29 (2): 1 -51.

[70] Banerjee S, Dasgupta S, Kim Y. Buyer-supplier relationships and the stakeholder theory of capital structure [J]. Journal of Finance, 2008, 63 (5): 2507 -2552.

[71] Basu S. The conservatism principle and the asymmetric timeliness of earnings [J]. Journal of Accounting and Economics, 1997, 24 (1): 3 -37.

[72] Bates T W, Kahle K M, Stulz R. Why do U. S. firms hold so much more cash than they used to? [J]. Journal of Finance, 2009, 64 (5): 1985 -2021.

[73] Benson J K, Pfeffer J, Salancik G R. The External Control Of Organizations [J]. Administrative Science Quarterly, 1978, 23 (2): 39 -61.

[74] Billett M T, Garfinkel J A. Financial Flexibility and the Cost of External Finance for U. S. Bank Holding Companies [J]. Journal of Money Credit & Banking, 2004, 36 (5): 827 -52.

[75] Bowen R, Du Charme L, Shores D. Shareholders' implicit claims and accounting method choice [J]. Journal of Accounting and Economics, 1995, 20 (3): 255 -295.

[76] Brander J A, Lewis T R. Oligopoly and Financial Structure: The Limited Liability Effect [J]. American Economic Review, 1986, 76 (5): 956 -970.

[77] Brickley J A, Zimmerman J L. Corporate governance myths: Comments on Armstrong, Guay, and Weber [J]. Journal of Accounting & Economics, 2010, 50 (s 2 -3): 235 -245.

[78] Byoun S. How and When do Firms Adjust Their Capital Structures toward Targets? [J]. Journal of Finance, 2008, 63 (6): 3069 -3096.

[79] Campello M, Gao J. Customer concentration and loan contract terms [R]. SSRN Electronic Journal, 2014.

[80] Cao C, Simin T, Zhao J. Can growth options explain the trend in idiosyncratic risk? [J]. Review of Financial Studies, 2008, 21 (6): 2599 -2633.

[81] Cen L, Dasgupta S, Sen R. Discipline or Disruption? Stakeholder Rela-

tionships and the Effect of Takeover Threat [J]. SSRN Electronic Journal. 2010.

[82] Chen, Charles J. P, Li Z, Su X, et al. Relationship – Specific Investment and Accounting Conservatism: Effect of Customers and Suppliers [J]. SSRN Electronic Journal, 2008.

[83] Claessens S, Djankov S, Klapper L. Resolution of corporate distress in East Asia [J]. Journal of Empirical Finance, 2003, 10 (1 – 2): 199 – 216.

[84] Cohen, Daniel A, Dey, et al. Real and Accrual – Based Earnings Management in the Pre-and Post – Sarbanes – Oxley Periods [J]. Accounting Review, 2008, 83 (3): 757 – 787.

[85] Cunat V. Trade Credit: Suppliers as Debt collectors and Insurance Providers [J], Review of Financial Studies, 2007, 20 (2): 491 – 527.

[86] Deangelo H, Deangelo L. Capital Structure, Payout Policy, and Financial Flexibility [J]. SSRN Electronic Journal, 2007.

[87] Dhaliwal D, Judd J S, Serfling M, Shaikh S. Customer concentration risk and the cost of equity capital [R]. SSRN Electronic Journal, 2014.

[88] Dhaliwal D, Michas P. N., Naiker V., Sharma D. Major customer reliance and auditor going-concern decisions [R]. SSRN Electronic Journal, 2013.

[89] Dittmar A, Mahrt – Smith J, Servaes H. International Corporate Governance and Corporate Cash Holdings [J]. Journal of Financial & Quantitative Analysis, 2003, 38 (1): 111 – 133.

[90] Dittmar A, Marhrt – Smith J. Corporate Governance and the Value of Cash Holdings [J]. Journal of Financial Economics, 2007, 83 (3): 599 – 634.

[91] Dou Y W, Hope O K, Thomas W. Relationship-specificity, contract enforceability, and income smoothing: a international study [J]. The Accounting Review, 2013, 88 (5): 1629 – 1656.

[92] Dowlatshahi S, Contreras N. Role of designer-buyer-supplier in the maquiladora industry [J]. International Journal of Production Research, 1999, 37 (9): 1963 – 1986.

[93] Duchin R. Cash Holding and Corporate Diversification [J]. Journal of Finance, 2010, 65 (3): 955 – 992.

[94] Dyer J H, Chu W. The role of trustworthiness in reducing transaction costs

and improving performance: Empirical evidence from the United States, Japan, and Korea [J]. Organization Science, 2003, 14 (1): 57 –68.

[95] Dyer J H, Singh H. The relational view: Cooperative strategy and sources of interorganizational Competitive Advantage [J]. Academy of Management Review, 1998, 23 (4): 660 –679.

[96] Faulkender M, Wang R. Corporate Financial Policy and the Value of Cash [J]. Journal of Finance, 2006, 61 (4): 1957 –1990.

[97] Foley, Fritz C, Hartzell J, et al. Why Do Firms Hold so Much Cash? A Tax-based Explanation [J]. Journal of Financial Economics, 2007, 86 (3): 579 –607.

[98] Fresard L. Financial Strength and Product Market Behaviors: the Real Effects of Corporate Cash Holdings [J]. Journal of Finance, 2010, 65 (3): 1097 –1122.

[99] Gal – Or Esther. Evaluating the Profitability of Product Bundling in the Context of Negotiations [J]. Journal of Business, 2004, 77 (4): 639 –674.

[100] Gamba A. Triantis A. The value of financial flexibility [J]. Finance. 2008, 63 (5): 2263 –2296.

[101] Gilson S C, Warner J B. Junk Bonds, Bank Debt, and Financing Corporate Growth [J]. SSRN Electronic Journal, 1997.

[102] Graham J R, Harvey C R. The theory and practive of corporate finance: Evidence from the field [J]. Journal of Financial Economics, 2001, 60 (1): 187 –243.

[103] Graham J R. How Big are the Tax Benefits of Debt? [J]. Journal of Finance, 2000, 55 (5): 1901 –1941.

[104] Han S J, Qiu J P. Corporate Precautionary Cash Holdings [J]. Journal of Corporate Finance, 2007, 13 (1): 43 –57.

[105] Hann R N, Ogneva M, Ozbas O. Corporate diversification and the cost of capital [J]. Journal of Finance, 2012, 68 (5): 1961 –1999.

[106] Harford J, Mansi S A, Maxwell W F. Corporate governance and firm cash holdings in the US [J]. SSRN Electronic Journal, 2008, 87 (3): 535 –555.

[107] Haushalter D, Klasa S, Maxwell F W. The Influence of Product Market

Dynamics on a Firm's Cash Holdings and Hedging Behavior [J]. Journal of Financial Economics, 2007, 84 (3): 797 - 825.

[108] Hertzel M G, Li Z, Officer M S, et al. Inter - Firm Linkages and the Wealth Effects of Financial Distress Along the Supply Chain [J]. SSRN Electronic Publishing, 2008, 87 (2): 374 - 387.

[109] Hrebiniak L G, Joyce W F. Organizational Adaptation: Strategic Choice and Environmental Determinism [J]. Administrative Science Quarterly, 1985, 30 (3): 336 - 349.

[110] Hui K W, Klasa S, Yeung P E. Corporate suppliers and customers and accounting conservatism [J]. Journal of Accounting and Economics, 2012, 53 (1 - 2): 115 - 135.

[111] Itzkowitz J. Customers and cash: How relationships affect suppliers' cash holdings [J]. Journal of Corporate Finance, 2012, 19 (1): 159 - 180.

[112] Jensen M C. Agency Costs of Free Cash Flow, Corporate Finance and Takeovers [J]. American Economic Review, 1986, 76 (2): 323 - 329.

[113] Johnson S, Kauf mann D, Mcmillan J, et al. Why do firms hide? Bribes and unofficial activity after communism [J]. Journal of Public Economics, 2000, 76 (3): 495 - 520.

[114] Johnson W C, Kang J K. , Yi S. The certification role of large customers in the new issues market [J]. Financial Management, 2010, 39 (4): 1425 - 1474.

[115] Kalcheva I, Lins K V. International Evidence on Cash Holdings and Expected Managerial Agency Problems [J]. Review of Financial Studies, 2007, 20 (4): 1087 - 1112.

[116] Kale J R, Shahrur H. Corporate capital structure and the characteristics of suppliers and customers [J]. Journal of Financial Economics, 2007, 83 (2): 321 - 365.

[117] Kalwani M, Narayandas N. Long-term manufacturer-supplier relationships: do they pay off for supplier firms? [J]. Journal of Marketing, 1995, 59 (1): 1 - 16.

[118] Khanna T, Palepu K. Why Focused Strategies May Be Wrong for Emerging Markets [J]. Harvard Business Review, 1997, 75 (4): 41 - 51.

[119] Kinney M R, Wempe W F. Further evidence on the extent and origins of JIT's profitability effects [J]. The Accounting Review, 2002, 77 (1): 203-225.

[120] Klein B, Crawford R A, Alchianl A A. Vertical integration, appropriable rents and the contracting process [J]. Journal of Law and Economics, 1978, 21 (2): 297-326.

[121] Kong X. Why are social network transactions important? Evidence based on the concentration of key suppliers and customers in China [J]. China Journal of Accounting Research, 2011, 4 (3): 121-133.

[122] Liu Y, Mauer D C. Corporate cash holdings and CEO compensation incentives [J]. Journal of Financial Economics, 2011, 102 (1): 183-198.

[123] Maksimovic V, Titman S. Financial policy and a firm's reputation for product quality [J]. Review of Financial Studies, 1991, 4 (1): 175-200.

[124] Mihov A, Naranjo A. Customer-base Concentration and the Transmission of Idiosyncratic Volatility along the Vertical Chain [J]. SSRN Working Paper, 2014.

[125] Myers S C, Majluf N S. Corporate financing and investment decisions when firms have information that investors do not have [J]. Journal of Financial Economics, 1983, 13 (2): 187-221.

[126] Opler T, Pinkowitz L, Stulz R, et al. The determinants and implications of corporate cash holdings [J]. Journal of Financial Economic, 1999, 52 (1): 3-46.

[127] Patatoukas P N. Customer - Base Concentration: Implications for Firm Performance and Capital Markets [J]. Accounting Review, 2011, 87 (2): 363-392.

[128] Pinkowitz L, Stulz R, Williamson R. Does the Contribution of Corporate Cash Holdings and Dividends to Firm Value Depend on Governance? A Cross-country Analysis [J]. Journal of Finance, 2006, 61 (6): 2725-2751.

[129] Pistor K, Xu C. Governing Stock Markets in Transition Economies: Lessons from China [J]. American Law & Economics Review, 2005, 7 (1): 184-210.

[130] Raman K, Shahrur, H. Relationship-specific investments and earnings management: Evidence on corporate suppliers and customers [J]. The Accounting

Review, 2008, 83 (4): 1041 - 1081.

[131] Scott, John. The SAGE handbook of social network analysis [M]. SAGE, 2011.

[132] Shahrur H. Industry structure and horizontal takeovers: Analysis of wealth effects on rivals, suppliers, and corporate customers [J]. Journal of Financial Economics, 2005, 76 (1): 61 - 98.

[133] Suutari R. Understanding Industry Structure [J]. CMA Management, 2000, 73 (10): 34 - 38.

[134] Telser L G. Cutthroat Competition and the Long Purse [J]. Journal of Law & Economics, 1966, 9 (1): 259 - 277.

[135] Titman S. The effect of capital structure on a firm's liquidation decision [J]. Journal of Financial Economics, 1984, 13 (1): 137 - 151.

[136] Trigeorgis L. Real Options and Interactions With Financial Flexibility [J]. Financial Management, 1993, 22 (3): 202 - 224.

[137] Vafeas N. Board structure and the informativeness of earnings [J]. Journal of Accounting & Public Policy, 2000, 19 (2): 139 - 160.

[138] Watts R L. Conservatism in Accounting Part: Evidence and Research Opportunities [J]. Accounting horizons, 2003, 17 (4): 287 - 301.

[139] Williamson O E. Transaction - Cost Economics: The Governance Of Contractual Relations [J]. Journal of Law & Economics, 1979, 22 (2): 233 - 262.

[140] Williamson O E. The Economic Institutions of Capitalism [J]. The Free Press, 1985.

[141] Williamson O E. The New Institutional Economics: Taking Stock, Looking Ahead [J]. Journal of Economic Literature, 2000, 38 (3): 595 - 613.

后　记

光阴如流水，不经意间已匆匆四年，落笔之时，心中感慨万千。但真的写后记时，却提笔忘言，竟不知从哪里谈起。读博的过程虽然艰辛，但是收获很多，在此特别感谢诸多良师益友的教诲和帮助！

感谢我的导师赵秀云教授！恩师严谨的治学态度、对学问的执着追求，以及谦和仁厚、虚怀若谷、乐观豁达的品格都深深的影响着我，从第一篇小论文的撰写到最终的博士论文的完工，我的点滴进步，无不凝结着老师的心血！此外，恩师一直以来对我的生活悉心关怀，我虽离家千里，但始终能感受到恩师母爱般的温暖。毕业在即，再华丽的语言也不足以表达弟子的感恩之情，唯有谨记恩师教导，在未来的工作和生活中继续努力。在此，衷心祝愿恩师健康幸福！

感谢会计系田昆儒教授！恩师学识渊博、为人豁达、和蔼谦逊、宽宏待人，是我学习和向往的榜样，认识恩师是我一生的荣幸。感谢天津财经大学会计系的各位老师！特别感谢盖地教授、韩传模教授、张俊民教授、苑泽明教授、张云教授、韦林教授、翟淑萍教授、孙青霞教授、吴彦龙教授、高敬忠老师、毕晓芳老师、吴娜老师、赵军老师等对我的学业所给予的帮助，老师们渊博的学识、严谨的学风使我受益良多，在此，谨向各位老师致以最诚挚的敬意！

感谢我的同窗挚友，励贺林、齐鲁光、强殿英、李春玲、唐婧清、张莉、孙瑜、隋杰、郭亚帆、王晶、孙芳、王力平等，因为共同的理想，我们相识在天财大，在略有枯燥的博士学习和生活中，我们彼此关怀，相互勉励，结下了深厚的友谊。

感谢我同门的兄弟姐妹，单文涛、佟芳芳、周晨、吴波、黄敬、王晨等，有幸和大家成为同门，分享师门大家庭的情感和良好气氛。感谢同门在学术和生活上带给我的启发与帮助，因为有你们，我的博士生涯更加完美。

最后感谢我的家人，曾经听过这样一句话“哪有什么岁月静好，不过是有人替你负重前行”。正是全家人为我负重前行，全力支持与鼓励我的学业，才使我能心无旁骛地在千里之外完成学业。作为女儿、儿媳、妻子、母亲，我深深的感到惭愧，尤其是对于女儿，在她最需要妈妈的这几年，我却常常不在她身边，每每想起，深感难过。未来的日子我将尽我所能的回馈我的家庭，爱我的家人。

读博这条路于我而言很清苦，正是老师、家人、朋友的关心与支持，才让我离人生的理想越走越近，我将铭记师恩友谊亲情，珍惜每一个明媚的日子，在未来的工作和生活中努力前行，以回报家庭、回报社会、回报国家。